Plantas de interior a ganchillo

Plantas de interior a ganchillo

APRENDA A TEJER PRECIOSAS PLANTAS PARA DECORAR SU HOGAR

EMMA VARNAM

Librero

Contenido

Introducción

Mientras escribía *Crocheted Succulents*, mi primer libro de tejer plantas, nunca imaginé lo mucho que estos pequeños proyectos me divertirían y llenarían, tanto a mí como a mis amigos del grupo de manualidades. He visto labores hechas con mis patrones de tejedores de todo el mundo, como Australia, Corea del Sur, Sudamérica y Europa.

Mucha gente exhibe sus plantas naturales junto con sus creaciones de ganchillo. A menudo, hay que mirar dos veces para darse cuenta de que hay una planta de lana entre las auténticas.

En los últimos años, las plantas de interior se han vuelto a poner de moda. Los hogares decorados con gusto suelen incluir elegantes palmeras, enormes costillas de Adán y espléndidas plantas colgantes.

Me encanta cuidar tanto las plantas de mi jardín como las que tengo dentro de casa, que son una combinación de suculentas y de plantas de hoja. Algunas han sobrevivido muchos años, mientras que a otras las he matado sin contemplaciones, por exceso de agua o por una desdeñable falta de riego. Por suerte, con el ganchillo podemos tejer plantas que son imposibles de matar. Las plantas de ganchillo siguen siendo una de las cosas que más me gusta regalar y, al escribir este libro, he ampliado mi lista de regalos favoritos hechos a mano. Me he divertido mucho creando estos patrones, aunque debería compadecerme de mis pobres familiares y amigos, a quienes envié una infinidad de fotos con el texto «¿no es gracioso?» cada vez que se me ocurría una nueva idea.

Algo a tener presente es que las hojas y los tallos de las plantas hechas a ganchillo no desafían la gravedad. Por eso, todas las plantas de este libro se ajustan a palos de entre 6 y 12 cm. Las he hecho de un tamaño modesto y he utilizado tutores para plantas y alambres florales para enderezar los tallos. Si quisiera hacer una costilla de Adán de 1 metro de altura, tendría que duplicar el grosor del hilo y utilizar un tutor muy robusto para sostenerla. Esto es posible, pero asegúrese de que queda estable y que resulta segura.

Debo confesar que me cuesta separarme de los proyectos terminados. Los tengo mezclados con mis plantas naturales sobre una repisa, y a veces es difícil distinguirlos.

DE IZQUIERDA A DERECHA:
POINSETTIA, PÁGINA 90
PLANTA DE LA ORACIÓN, PÁGINA 86

CINTA, PÁGINA 20

Violeta africana

La gente suele regar en exceso esta bonita planta de flores llamativas, pero con esta versión de ganchillo no tendrá que preocuparse de eso. Combinando hilos de lana y de suave mohair podrá recrear la encantadora textura aterciopelada de las hojas.

TAMAÑO FINAL

Las piezas más largas miden unos 12 cm de largo.

NECESITARÁ

- Metropolis de Scheepjes, 75 % lana, 25 % nailon (200 m por ovillo de 50 g): 1 ovillo de cada color: 031 Canberra (A), 026 Depok (B) y 053 Santiago (C)
- Rhythm de Scheepjes, 30 % microfibra, 70 % mohair (200 m por ovillo de 25 g): 1 ovillo de color 678 Marshmallow (D)
- Happy Cotton de Sirdar, 100 % algodón (43 m por ovillo de 20 g): Una pequeña cantidad de color 788 Quack (E)
- Merino Soft de Scheepjes, 50 % lana, 25 % microfibra, 25 % acrílico (105 m por ovillo de 50 g): 1 ovillo de color 607 Braque (F)

- Aguja de ganchillo de 3,5 mm
- Relleno de poliéster
- Aguja de tapicería
- Maceta de unos 6 cm de diámetro

TENSIÓN

Para este proyecto, la muestra de tensión no es necesaria.

Nota

Para crear las hojas, cuyos pelillos le dan una textura aterciopelada, utilice un suave hilo de mohair junto con un hilo del color que haya elegido como tono principal para las hojas.

Hoja (haga 16)

Teja 8 con hilos A y D juntos, y 8 con B y D juntos. Con un ganchillo de 3,5 mm, haga 8 cad.

Hilera 1: 1 p. b. en la 2.ª cad., 1 p. m. a., 1 p. a., (2 p. a. en la cad. sig.), 1 p. a., 1 p. m. a., 1 p. b. en la última cad., 2 cad., (ahora dele la vuelta y teja por el otro lado de la cad. base) 1 p. b., 1 p. m. a., 1 p. a., (2 p. a. en la cad. sig.), 1 p. a., 1 p. m. a., 1 p. b., 1 p. r. en la 1.ª cad. Remate la labor dejando un cabo suelto.

Flor (haga 3)

Con un ganchillo de 3,5 mm e hilo C, haga un anillo mágico (*véase la página 129*).

Vuelta 1: 1 cad., 5 p. b. en el anillo, cierre con 1 p. r.

Vuelta 2: (6 cad., 3 p. a., 6 cad., 1 p. r.) en el 1.ᵉʳ p., *1 p. r. en el p. sig., (6 cad., 3 p. a., 6 cad., 1 p. r.) en el mismo p.; repita desde * 3 veces.

Remate la labor dejando un cabo suelto. Con hilo E y una aguja de tapicería, haga 2 nudos franceses en el centro de la flor.

Tierra

Con un ganchillo de 3,5 mm
e hilo F, haga un anillo mágico.

Vuelta 1: 1 cad., 6 p. b. en el anillo.

Vuelta 2: 2 p. b. en cada p. (12 p.).

Vuelta 3: (1 p. b., 2 p. b. en el p. sig.)
6 veces (18 p.).

Vuelta 4: (2 p. b., 2 p. b. en el p. sig.)
6 veces (24 p.).

Vuelta 5: (3 p. b., 2 p. b. en el p. sig.)
6 veces (30 p.).

Vuelta 6: (4 p. b., 2 p. b. en el p. sig.)
6 veces (36 p.).

Vuelta 7: (5 p. b., 2 p. b. en el p. sig.)
6 veces (42 p.).

Vuelta 8: (6 p. b., 2 p. b. en el p. sig.)
6 veces (48 p.).

Vueltas 9-16: Teja 1 p. b. en cada p.

Vuelta 17: (6 p. b., 2 p. b. jun.) 6 veces
(42 p.).

Vuelta 18: (5 p. b., 2 p. b. jun.) 6 veces
(36 p.).

Vuelta 19: (4 p. b., 2 p. b. jun.) 6 veces
(30 p.).

Vuelta 20: (3 p. b., 2 p. b. jun.) 6 veces
(24 p.).

Vuelta 21: (2 p. b., 2 p. b. jun.) 6 veces
(18 p.).
Introduzca abundante relleno de
poliéster.

Vuelta 22: (1 p. b., 2 p. b. jun.) 6 veces
(12 p.).

Vuelta 23: (2 p. b. jun.) 6 veces (6 p.).
Con una aguja de tapicería, pase el
hilo a través de los últimos p. b. de la
vuelta y cíñalo para cerrar el agujero.
Remate la labor y esconda los cabos.

Montaje

Coloque ocho hojas de color
verde claro encima de la
tierra formando una estrella.
Cósalas en su sitio. Después,
disponga las ocho hojas
más oscuras en los espacios
que quedan entre las hojas
claras formando otra estrella
que quede superpuesta a la
primera. Cósalas en su sitio.
Por último, cosa las tres
flores juntas en el centro de
la planta.

Cinta

Esta es una de las plantas de interior más populares por dos razones: parece casi indestructible y tiene pequeños hijuelos que crecen en el extremo de los largos tallos. La fascinante versión de ganchillo queda estupenda en una maceta colgante.

TAMAÑO FINAL

La planta en la maceta mide unos 25 cm de alto y 25 cm de ancho.

TENSIÓN

Para este proyecto, la muestra de tensión no es necesaria.

NECESITARÁ

- Metropolis de Scheepjes, 75 % lana, 25 % nailon (200 m por ovillo de 50 g): 1 ovillo de cada color: 033 Atlanta (A) 031 Canberra (B) y 032 Abu Dhabi (C)
- Merino Soft de Scheepjes, 50 % lana, 25 % microfibra, 25 % acrílico (105 m por ovillo de 50 g): 1 ovillo de color 607 Braque (D)
- Aguja de ganchillo de 3 mm
- Aguja de ganchillo de 3,5 mm
- Relleno de poliéster
- Aguja de tapicería
- Alambre floral
- Maceta de unos 10 cm de diámetro

Nota

Las hojas de la planta se trabajan en hileras. Refuércelas integrando un alambre en la vuelta 2 (véase la página 133). Teja un lado de la hoja, luego el otro y, por último, complétela trabajando una hilera de p. b. con hilo B o C.

Hoja grande (haga 3)

Hilera 1: Con un ganchillo de 3 mm e hilo A, haga 37 cad. Mantenga el alambre floral encima de las cad.: trabajará a su alrededor para encerrarlo con los p. que teja.

Hilera 2: Introduzca el ganchillo en la 2.ª cad. desde la aguja, e. h. y sáquela por el p., pase el ganchillo por encima del alambre y los p., e. h. y sáquela por las dos laz. de la aguja, encerrando el alambre. Repita hasta el final, ponga un marcador de puntos y dé la vuelta a la labor (36 p.). Tire del alambre para que quede al inicio de la hilera.

Hilera 3 (R.): 1 cad., 33 p. b., 3 p. r., 1 cad., (ahora trabaje por el otro lado de la hoja en el otro lado de las cad.), 3 p. r., 33 p. b., dele la vuelta (73 p.). Remate el hilo A dejando un cabo largo.

Hilera 4 (D.): Cambie al hilo B, 1 cad., 33 p. b., 3 p. r., (1 p. r., 2 cad., 1 p. r.) en el esp. de cad., 3 p. r., 33 p. b. Remate la labor dejando un cabo suelto.

Hoja mediana (haga 6)

Teja 3 hojas con hilos A y B, y otras 3 con hilos A y C.

Hilera 1: Con un ganchillo de 3 mm e hilo A, haga 31 cad. Mantenga el alambre floral encima de las cad.: trabajará a su alrededor para encerrarlo con los p. que teja.

Hilera 2: Introduzca el ganchillo en la 2.ª cad. desde la aguja, e. h. y sáquela por el p., pase el ganchillo por encima del alambre y los p., e. h. y sáquela por las dos laz. de la aguja, encerrando el alambre. Repita hasta el final, ponga un marcador de puntos y dé la vuelta a la labor (30 p.). Tire del alambre para que quede al inicio de la hilera.

Hilera 3 (R.): 1 cad., 27 p. b., 3 p. r., 1 cad., (ahora trabaje por el otro lado de la hoja en el otro lado de las cad.), 3 p. r., 27 p. b., dele la vuelta (61 p.). Remate el hilo A dejando un cabo largo.

Hilera 4 (D.): Cambie al hilo B (o C), 1 cad., 27 p. b., 3 p. r., (1 p. r., 2 cad., 1 p. r.) en el esp. de cad., 3 p. r., 27 p. b. Remate la labor dejando un cabo suelto.

Hoja pequeña (haga 4)

Hilera 1: Con un ganchillo de 3 mm e hilo A, haga 21 cad. Mantenga el alambre floral encima de las cad.: trabajará a su alrededor para encerrarlo con los p. que teja.

Hilera 2: Introduzca el ganchillo en la 2.ª cad. desde la aguja, e. h. y sáquela por el p., pase el ganchillo por encima del alambre y los p., e. h. y sáquela por las dos laz. de la aguja, encerrando el alambre. Repita hasta el final, ponga un marcador de puntos y dé la vuelta a la labor (20 p.). Tire del alambre para que quede al inicio de la hilera.

Hilera 3 (R.): 1 cad., 17 p. b., 3 p. r., 1 cad., (ahora trabaje por el otro lado de la hoja en el otro lado de las cad.), 3 p. r., 17 p. b., dele la vuelta (41 p.). Remate el hilo A dejando un cabo largo.

Hilera 4 (D.): Cambie al hilo C, 1 cad., 17 p. b., 3 p. r., (1 p. r., 2 cad., 1 p. r.) en el esp. de cad., 3 p. r., 17 p. b. Remate la labor dejando un cabo suelto.

Tallo largo

Ahora tejerá cad. alrededor del alambre. Con hilo A y un ganchillo de 3 mm, haga un nudo corredizo. Sujete el alambre con la mano en la que tiene el hilo, ponga el hilo debajo del alambre y el ganchillo encima, e. h. y sáquela por el nudo corredizo. Ponga el ganchillo debajo del alambre, e. h. y alárguela. Ponga el ganchillo encima del alambre, e. h. y sáquela por las dos laz. de la aguja. Repita hasta tejer 31 p.

Hoja del hijuelo (haga 3)

Haga 1 con hilo A, y 2 con hilo B.

Hilera 1: Con un ganchillo de 3 mm, teja 17 cad. Mantenga el alambre floral encima de las cad.: trabajará a su alrededor para encerrarlo con los p. que teja.

Hilera 2: Introduzca el ganchillo en la 2.ª cad. desde la aguja, e. h. y sáquela por el p., pase el ganchillo por encima del alambre y los p., e. h. y sáquela por las dos laz. de la aguja, encerrando el alambre. Repita hasta el final, ponga un marcador de puntos y dé la vuelta a la labor (16 p.). Tire del alambre para que quede al inicio de la hilera. Corte el alambre para que encaje dentro de las cad. Esconda los cabos sueltos.

Tierra

Con un ganchillo de 3,5 mm e hilo D, haga un anillo mágico (*véase la página 129*).

Vuelta 1: 1 cad., 6 p. b. en el anillo.

Vuelta 2: 2 p. b. en cada p. (12 p.).

Vuelta 3: (1 p. b., 2 p. b. en el p. sig.) 6 veces (18 p.).

Vuelta 4: (2 p. b., 2 p. b. en el p. sig.) 6 veces (24 p.).

Vuelta 5: (3 p. b., 2 p. b. en el p. sig.) 6 veces (30 p.).

Vuelta 6: (4 p. b., 2 p. b. en el p. sig.) 6 veces (36 p.).

Vuelta 7: (5 p. b., 2 p. b. en el p. sig.) 6 veces (42 p.).

Vuelta 8: (6 p. b., 2 p. b. en el p. sig.) 6 veces (48 p.).

Vueltas 9-16: Teja 1 p. b. en cada p.

Vuelta 17: (6 p. b., 2 p. b. jun.) 6 veces (42 p.).

Vuelta 18: (5 p. b., 2 p. b. jun.) 6 veces (36 p.).

Vuelta 19: (4 p. b., 2 p. b. jun.) 6 veces (30 p.).

Vuelta 20: (3 p. b., 2 p. b. jun.) 6 veces (24 p.).

Vuelta 21: (2 p. b., 2 p. b. jun.) 6 veces (18 p.). Introduzca abundante relleno de poliéster.

Vuelta 22: (1 p. b., 2 p. b. jun.) 6 veces (12 p.).

Vuelta 23: (2 p. b. jun.) 6 veces (6 p.). Con una aguja de tapicería, pase el hilo a través de los últimos p. b. de la vuelta y cíñalo para cerrar el agujero. Remate la labor y esconda los cabos.

Montaje

Esconda los cabos sueltos de los hilos B y C de cada hoja. Clave el alambre de cada hoja en la tierra y luego use los largos cabos de hilo A para coser la base de cada hoja a la parte superior de la tierra. Doble las hojas del hijuelo por la mitad y cósalas por el centro en un extremo del tallo largo. Después, cosa el tallo a la tierra junto al borde exterior del grupo de hojas. Curve un poco las hojas para darles un aspecto natural.

Epiphyllum anguliger

~~~~~~~~~~~

Cactus espina de pescado

Esta planta tan singular suele colocarse a cierta altura para que las hojas caigan por los lados. Oriunda de México, sus bonitas flores huelen de maravilla y sus frutos parecen uvas espinas. Su forma ondulada puede recrearse fácilmente a ganchillo; el resultado queda tan realista que puede confundirse con una real.

TAMAÑO FINAL

Las hojas más largas miden unos 10 cm.

TENSIÓN

Para este proyecto, la muestra de tensión no es necesaria.

NECESITARÁ

- River Washed de Scheepjes, 78 % algodón, 22 % acrílico (130 m por ovillo de 50 g):
  1 ovillo de color 962 Narmada (A)
- Merino Soft de Scheepjes, 50 % lana, 25 % microfibra, 25 % acrílico (105 m por ovillo de 50 g):
  1 ovillo de color 607 Braque (B)
- Aguja de ganchillo de 3,5 mm
- Relleno de poliéster
- Aguja de tapicería
- Alambre floral
- Maceta de unos 10 cm de diámetro

Nota

La inconfundible forma ondulada de esta planta se crea con puntos de diferentes longitudes. Simplemente asegúrese de trabajar siempre con la misma tensión.

Hoja pequeña (haga 4)

Con un ganchillo de 3,5 mm e hilo A, haga 22 cad.

Hilera 1: 1 p. b. en la 2.ª cad., (1 p. m. a., 1 p. a., 1 p. m. a.) en el p. sig., *1 p. b. en cada una de las sig. 2 cad., (1 p. b., 1 p. m. a., 1 p a.) en el p. sig., 3 p. a. d. en el p. sig., (1 p. a., 1 p. m. a., 1 p. b.) en el p. sig.; repita desde * 2 veces, 4 p. b., 1 cad., (ahora dele la vuelta y teja por el otro lado de la cad. base), 1 p. b., (1 p. b., 1 p. m. a., 1 p. a.) en el p. sig., 3 p. a. d. en el p. sig., (1 p. a., 1 p. m. a., 1 p. b.) en el p. sig., **2 p. b., (1 p. b., 1 p. m. a., 1 p. a.) en el p. sig., 3 p. a. d. en el p. sig., (1 p. a., 1 p. m. a., 1 p. b.) en el p. sig.; repita desde ** 1 vez, 2 p. b., 3 p. a. en el p. sig., 3 p. b., 1 p. r. en la última cad. Remate la labor dejando un cabo suelto.

Hoja mediana (haga 6)

Con un ganchillo de 3,5 mm e hilo A, haga 32 cad.

Hilera 1: 1 p. b. en la 2.ª cad., (1 p. m. a., 1 p. a., 1 p. m. a.) en el p. sig., *1 p. b. en cada una de las sig. 2 cad., (1 p. b., 1 p. m. a., 1 p a.) en el p. sig., 3 p. a. d. en el p. sig., (1 p. a., 1 p. m. a., 1 p. b.) en el p. sig.; repita desde * 4 veces, 4 p. b., 1 cad., (ahora dele la vuelta y teja por el otro lado de la cad. base), 1 p. b., (1 p. b., 1 p. m. a., 1 p. a.) en el p. sig., 3 p. a. d. en el p. sig., (1 p. a., 1 p. m. a., 1 p. b.) en el p. sig., **2 p. b., (1 p. b., 1 p. m. a., 1 p a.) en el p. sig., 3 p. a. d. en el p. sig., (1 p. a., 1 p. m. a.,

1 p. b.) en el p. sig.; repita desde ** 3 veces, 2 p. b., 3 p. a. en el p. sig., 3 p. b., 1 p. r. en la última cad. Remate la labor dejando un cabo suelto.

Tierra

Con un ganchillo de 3,5 mm e hilo B, haga un anillo mágico (*véase la página 129*).

Vuelta 1: 1 cad., 6 p. b. en el anillo.

Vuelta 2: 2 p. b. en cada p. (12 p.).

Vuelta 3: (1 p. b., 2 p. b. en el p. sig.) 6 veces (18 p.).

Vuelta 4: (2 p. b., 2 p. b. en el p. sig.) 6 veces (24 p.).

Vuelta 5: (3 p. b., 2 p. b. en el p. sig.) 6 veces (30 p.).

Vuelta 6: (4 p. b., 2 p. b. en el p. sig.) 6 veces (36 p.).

Vuelta 7: (5 p. b., 2 p. b. en el p. sig.) 6 veces (42 p.).

Vuelta 8: (6 p. b., 2 p. b. en el p. sig.) 6 veces (48 p.).

Vueltas 9-16: Teja 1 p. b. en cada p.

Vuelta 17: (6 p. b., 2 p. b. jun.) 6 veces (42 p.).

Vuelta 18: (5 p. b., 2 p. b. jun.) 6 veces (36 p.).

Vuelta 19: (4 p. b., 2 p. b. jun.) 6 veces (30 p.).

Vuelta 20: (3 p. b., 2 p. b. jun.) 6 veces (24 p.).

Vuelta 21: (2 p. b., 2 p. b. jun.) 6 veces (18 p.).

Introduzca abundante relleno de poliéster.

Vuelta 22: (1 p. b., 2 p. b. jun.) 6 veces (12 p.).

Vuelta 23: (2 p. b. jun.) 6 veces (6 p.).

Con una aguja de tapicería, pase el hilo a través de los últimos p. b. de la vuelta y cíñalo para cerrar el agujero. Remate la labor y esconda los cabos.

Montaje

Por el revés de la labor, pase
un trozo de alambre floral
por el centro de cada hoja.
Después, clave el extremo del
alambre en la tierra y dóblelo
para fijarlo. Cosa la base de
cada hoja a la parte superior
de la tierra. Manipule los
alambres para darle a la
planta un aspecto natural.

Lengua de tigre

También conocida como lengua de suegra o planta de serpiente, entre otros nombres, esta planta de interior tan popular ayuda a purificar el aire. Para reproducir las variaciones naturales del color de las hojas, utilice un hilo jaspeado.

TAMAÑO FINAL

Las hojas mides unos 25 cm de largo y 4 cm de ancho.

NECESITARÁ

- River Washed de Scheepjes, 78 % algodón, 22 % acrílico (130 m por ovillo de 50 g):
  1 ovillo de color 962 Narmada (A)
- Stone Washed de Scheepjes, 78 % algodón, 22 % acrílico (130 m por ovillo de 50 g):
  1 ovillo de color 812 Lemon Quartz (B)
- Merino Soft de Scheepjes, 50 % lana, 25 % microfibra, 25 % acrílico (105 m por ovillo de 50 g):
  1 ovillo de color 607 Braque (C)
- Aguja de ganchillo de 3,5 mm
- Aguja de tapicería
- Limpiapipas o alambre para manualidades recubierto de chenilla
- Brochetas de bambú
- Maceta de unos 10 cm de diámetro

TENSIÓN

Para este proyecto, la muestra de tensión no es necesaria.

Nota

La planta se trabaja en hileras. Refuerce las hojas integrando un limpiapipas o un alambre recubierto de chenilla en la vuelta 2. Primero teja un lado de la hoja, luego el otro y, después, complétela haciendo una hilera final de puntos bajos con hilo B. Al montar la planta, refuerce la base con una brocheta de bambú.

Hoja
(lado 1, haga 7)

Hilera 1: Con un ganchillo de 3,5 mm e hilo A, haga 41 cad.
Mantenga el alambre floral encima de las cadenetas: trabajará a su alrededor para encerrarlo con los puntos que teja.

Hilera 2: Introduzca el ganchillo en la 2.ª cadeneta desde la aguja, eche hebra y sáquela por el punto, pase el ganchillo por encima del alambre y los puntos, eche hebra y sáquela por las dos lazadas de la aguja, encerrando el alambre. Repita hasta el final, ponga un marcador de puntos y dé la vuelta a la labor (40 p.).
Tire del alambre para que quede al inicio de la hilera.

Hilera 3 (R.): 1 cad., 32 p. m. a., 2 p. b., sáltese 1 p., 1 p. b., dé la vuelta a la labor dejando 4 p. sin trabajar (35 p.).

Hilera 4 (D.): 1 cad., sáltese el p. de la base de la cad., 3 p. b., 31 p. m. a. Remate el primer lado de la hoja dejando un cabo suelto.

Hoja
(lado 2, haga 7)

Ahora tejerá el segundo lado de la hoja trabajando en el otro lado de la cadeneta base. Con el derecho de la labor hacia usted, incorpore el hilo A con 1 p. r. en el lugar donde ha colocado el marcador de puntos, en la base de la hoja.

Hilera 1 (D.): 1 cad., 32 p. m. a., 2 p. b., sáltese 1 p., 1 p. b., dé la vuelta a la labor dejando 4 p. sin trabajar (35 p.).

Hilera 2 (R.): 1 cad., sáltese el p. de la base de la cad., 3 p. b., 31 p. m. a., dele la vuelta.

Remate el hilo A e incorpore el B.

Borde

Ahora creará el borde tejiendo a lo largo de los dos lados de la hoja.

Hilera 1 (D.): 1 cad., 40 p. b., 2 cad. en la punta y, trabajando en els egundo lado de la hoja, 40 p. b. Remate la labor dejando un cabo suelto.

Tierra

Con un ganchillo de 3,5 mm e hilo C, haga un anillo mágico (*véase la página 129*).

Vuelta 1: 1 cad., 6 p. b. en el anillo.

Vuelta 2: 2 p. b. en cada p. (12 p.).

Vuelta 3: (1 p. b., 2 p. b. en el p. sig.) 6 veces (18 p.).

Vuelta 4: (2 p. b., 2 p. b. en el p. sig.) 6 veces (24 p.).

Vuelta 5: (3 p. b., 2 p. b. en el p. sig.) 6 veces (30 p.).

Vuelta 6: (4 p. b., 2 p. b. en el p. sig.) 6 veces (36 p.).

Vuelta 7: (5 p. b., 2 p. b. en el p. sig.) 6 veces (42 p.).

Vuelta 8: (6 p. b., 2 p. b. en el p. sig.) 6 veces (48 p.).

Vueltas 9-16: Teja 1 p. b. en cada p.

Vuelta 17: (6 p. b., 2 p. b. jun.) 6 veces (42 p.).

Vuelta 18: (5 p. b., 2 p. b. jun.) 6 veces (36 p.).

Vuelta 19: (4 p. b., 2 p. b. jun.) 6 veces (30 p.).

Vuelta 20: (3 p. b., 2 p. b. jun.) 6 veces (24 p.).

Vuelta 21: (2 p. b., 2 p. b. jun.) 6 veces (18 p.).

Introduzca abundante relleno de poliéster.

Vuelta 22: (1 p. b., 2 p. b. jun.) 6 veces (12 p.).

Vuelta 23: (2 p. b. jun.) 6 veces (6 p.). Con una aguja de tapicería, pase el hilo a través de los últimos p. b. de la vuelta y cíñalo para cerrar el agujero. Remate la labor y esconda los cabos.

Montaje

Por el revés de la labor, pase una brocheta de bambú junto al alambre por el centro de cada hoja. Después, clave el extremo de la brocheta de cada hoja en la tierra. Cosa la base de cada hoja a la parte superior de la tierra. Retuerza un poco las hojas para darles un aspecto natural.

Aloe tigre

Llamada también aloe pecho de perdiz, esta suculenta de hojas rayadas procedente de Sudáfrica tiene una apariencia muy particular. El patrón se trabaja con un hilo para calcetines con efecto rayado que permite recrear las rayas sin tener que cambiar de hilo.

TAMAÑO FINAL

La planta mide unos 12 cm de altura.

NECESITARÁ

- True Love de Opal, 75 % lana, 25 % poliamida (425 m por ovillo de 100 g): 1 ovillo de color 9861 Hakelheld (A)
- Merino Soft de Scheepjes, 50 % lana, 25 % microfibra, 25 % acrílico (105 m por ovillo de 50 g): 1 ovillo de color 607 Braque (B)
- Aguja de ganchillo de 3 mm
- Aguja de ganchillo de 3,5 mm
- Relleno de poliéster
- Aguja de tapicería
- Maceta de unos 12 cm de diámetro

TENSIÓN

Para este proyecto, la muestra de tensión no es necesaria.

Nota

Las hojas se tejen en espiral con la técnica de los amigurumis (véase la página 128). Ponga un marcador de puntos al inicio de cada vuelta para poder situarse bien en el patrón.

Hoja (haga 12)

Con un ganchillo de 3 mm e hilo A, haga un anillo mágico (*véase la página 129*).

Vuelta 1: 1 cad., 4 p. b. en el anillo.
Vuelta 2: (1 p. b., 2 p. b. en el p. sig.) 2 veces (6 p.).
Vueltas 3-5: Teja 1 p. b. en cada p.
Vuelta 6: (2 p. b., 2 p. b. en el p. sig.) 2 veces (8 p.).
Vueltas 7-9: Teja 1 p. b. en cada p.
Vuelta 10: (3 p. b., 2 p. b. en el p. sig.) 2 veces (10 p.).
Vueltas 11-13: Teja 1 p. b. en cada p.
Vuelta 14: (4 p. b., 2 p. b. en el p. sig.) 2 veces (12 p.).
Vueltas 15-17: Teja 1 p. b. en cada p.
Vuelta 18: (5 p. b., 2 p. b. en el p. sig.) 2 veces (14 p.).
Vueltas 19-21: Teja 1 p. b. en cada p.
Vuelta 22: (6 p. b., 2 p. b. en el p. sig.) 2 veces (16 p.).

Vueltas 23-26: Teja 1 p. b. en cada p.
Vuelta 27: (7 p. b., 2 p. b. en el p. sig.) 2 veces (18 p.).
Vueltas 28-31: Teja 1 p. b. en cada p. Remate la labor dejando un cabo suelto.

Tierra

Con un ganchillo de 3,5 mm e hilo B, haga un anillo mágico.

Vuelta 1: 1 cad., 6 p. b. en el anillo.
Vuelta 2: 2 p. b. en cada p. (12 p.).
Vuelta 3: (1 p. b., 2 p. b. en el p. sig.) 6 veces (18 p.).
Vuelta 4: (2 p. b., 2 p. b. en el p. sig.) 6 veces (24 p.).
Vuelta 5: (3 p. b., 2 p. b. en el p. sig.) 6 veces (30 p.).

Vuelta 6: (4 p. b., 2 p. b. en el p. sig.) 6 veces (36 p.).
Vuelta 7: (5 p. b., 2 p. b. en el p. sig.) 6 veces (42 p.).
Vuelta 8: (6 p. b., 2 p. b. en el p. sig.) 6 veces (48 p.).
Vuelta 9: (7 p. b., 2 p. b. en el p. sig.) 6 veces (54 p.).
Vuelta 10: (8 p. b., 2 p. b. en el p. sig.) 6 veces (60 p.).
Vueltas 11-18: Teja 1 p. b. en cada p.
Vuelta 19: (8 p. b., 2 p. b. jun.) 6 veces (54 p.).
Vuelta 20: (7 p. b., 2 p. b. jun.) 6 veces (48 p.).
Vuelta 21: (6 p. b., 2 p. b. jun.) 6 veces (42 p.).
Vuelta 22: (5 p. b., 2 p. b. jun.) 6 veces (36 p.).
Vuelta 23: (4 p. b., 2 p. b. jun.) 6 veces (30 p.).
Vuelta 24: (3 p. b., 2 p. b. jun.) 6 veces (24 p.).
Vuelta 25: (2 p. b., 2 p. b. jun.) 6 veces (18 p.).
Introduzca abundante relleno de poliéster.
Vuelta 26: (1 p. b., 2 p. b. jun.) 6 veces (12 p.).
Vuelta 27: (2 p. b. jun.) 6 veces (6 p.).
Con una aguja de tapicería, pase el hilo a través de los últimos p. b. de la vuelta y cíñalo para cerrar el agujero. Remate la labor y esconda los cabos.

Montaje

Coloque tres hojas en
vertical en el centro de
la tierra con los lados
superpuestos y sujételas
con alfileres. Utilice el cabo
suelto para coser la base de
cada hoja a la tierra. Añada
las hojas restantes alrededor
de estas tres, asegurándose
de que los lados se solapan
y de que todas quedan bien
cosidas en su sitio.

Acanthocereus tetragonus

Castillo de hadas

Este cactus se conoce así por sus ramas agrupadas en vertical a modo de torrecillas. En la versión de ganchillo, se hacen pequeñas puntadas con hilo texturizado a lo largo de las costillas para crear espinas de aspecto realista (¡aunque estas no son peligrosas!).

TAMAÑO FINAL

El cactus mide unos 8 cm de alto y 6 cm de ancho.

TENSIÓN

Para este proyecto, la muestra de tensión no es necesaria.

NECESITARÁ

◆ Metropolis de Scheepjes, 75 % lana, 25 % nailon (200 m por ovillo de 50 g): 1 ovillo de color 031 Canberra (A)
◆ Creative Bubble de Rico Design, 100 % poliéster (90 m por ovillo de 50 g): 1 ovillo de color 001 White (B)
◆ Merino Soft de Scheepjes, 50 % lana, 25 % microfibra, 25 % acrílico (105 m por ovillo de 50 g): 1 ovillo de color 607 Braque (C)
◆ Aguja de ganchillo de 3,5 mm
◆ Relleno de poliéster
◆ Aguja de tapicería
◆ Maceta de unos 10 cm de diámetro

Nota

El cactus se teje en hileras, y las espinas se crean después con la aguja de coser. Las costillas se forman trabajando solo a través de la lazada trasera (véase la página 132).

Cactus grande

Hilera 1: Con un ganchillo de 3,5 mm e hilo A, haga 17 cad.

Hilera 2 (D.): 1 p. b. en la 2.ª cad. desde la aguja, 1 p. b. en cada cad., dele la vuelta (16 p.).

Hileras 3-5: 1 cad., 1 p. b. en cada p., dele la vuelta (16 p.).

Hilera 6: 1 cad., 1 p. b. en la laz. tras. de cada p., dele la vuelta (16 p.).

Hileras 7-9: 1 cad., 1 p. b. en cada p., dele la vuelta (16 p.).

Hilera 10: 1 cad., 1 p. b. en la laz. tras. de cada p., dele la vuelta (16 p.).

Hileras 11-13: 1 cad., 1 p. b. en cada p., dele la vuelta (16 p.).

Repita 3 veces las hileras 6-13.

Hilera 38: 1 cad., 1 p. b. en la laz. tras. de cada p., dele la vuelta (16 p.).

Hileras 39-41: 1 cad., 1 p. b. en cada p., dele la vuelta (16 p.).

Ahora unirá la primera y la última hileras derecho contra derecho.

Hilera sig.: 1 cad., 1 p. r. en cada p. Remate la labor dejando un cabo largo.

Cactus mediano

Hilera 1: Con un ganchillo de 3,5 mm e hilo A, haga 13 cad.

Hilera 2 (D.): 1 p. b. en la 2.ª cad. desde la aguja, 1 p. b. en cada cad., dé la vuelta a la labor (12 p.).

Hileras 3-5: 1 cad., 1 p. b. en cada p., dele la vuelta (12 p.).

Hilera 6: 1 cad., 1 p. b. en la laz. tras. de cada p., dele la vuelta (12 p.).

Hileras 7-9: 1 cad., 1 p. b. en cada p., dele la vuelta (12 p.).

Hilera 10: 1 cad., 1 p. b. en la laz. tras. de cada p., dele la vuelta (12 p.).

Hileras 11-13: 1 cad., 1 p. b. en cada p., dele la vuelta (12 p.).

Repita 3 veces las hileras 6-13.

Hilera 38: 1 cad., 1 p. b. en la laz. tras. de cada p., dele la vuelta (12 p.).

Hileras 39-41: 1 cad., 1 p. b. en cada p., dele la vuelta (12 p.).

Ahora unirá la primera y la última hileras derecho contra derecho.

Hilera sig.: 1 cad., 1 p. r. en cada p. Remate la labor dejando un cabo largo.

Cactus pequeño

Hilera 1: Con un ganchillo de 3,5 mm e hilo A, haga 9 cad.

Hilera 2 (D.): 1 p. b. en la 2.ª cad. desde la aguja, 1 p. b. en cada cad., dé la vuelta a la labor (8 p.).

Hileras 3-5: 1 cad., 1 p. b. en cada p., dele la vuelta (8 p.).

Hilera 6: 1 cad., 1 p. b. en la laz. tras. de cada p., dele la vuelta (8 p.).

Hileras 7-9: 1 cad., 1 p. b. en cada p., dele la vuelta (8 p.).

Hilera 10: 1 cad., 1 p. b. en la laz. tras. de cada p., dele la vuelta (8 p.).

Hileras 11-13: 1 cad., 1 p. b. en cada p., dele la vuelta (8 p.).

Repita 3 veces las hileras 6-13.

Hilera 38: 1 cad., 1 p. b. en la laz. tras. de cada p., dele la vuelta (8 p.).

Hileras 39-41: 1 cad., 1 p. b. en cada p., dele la vuelta (8 p.).

Ahora unirá la primera y la última hileras derecho contra derecho.

Hilera sig.: 1 cad., 1 p. r. en cada p. Remate la labor dejando un cabo largo.

Tierra

Con un ganchillo de 3,5 mm e hilo C, haga un anillo mágico (*véase la página 129*).

Vuelta 1: 1 cad., 6 p. b. en el anillo.

Vuelta 2: 2 p. b. en cada p. (12 p.).

Vuelta 3: (1 p. b., 2 p. b. en el p. sig.) 6 veces (18 p.).

Vuelta 4: (2 p. b., 2 p. b. en el p. sig.) 6 veces (24 p.).

Vuelta 5: (3 p. b., 2 p. b. en el p. sig.) 6 veces (30 p.).

Vuelta 6: (4 p. b., 2 p. b. en el p. sig.) 6 veces (36 p.).

Vuelta 7: (5 p. b., 2 p. b. en el p. sig.) 6 veces (42 p.).

Vuelta 8: (6 p. b., 2 p. b. en el p. sig.) 6 veces (48 p.).

Vueltas 9-16: Teja 1 p. b. en cada p.

Vuelta 17: (6 p. b., 2 p. b. jun.) 6 veces (42 p.).

Vuelta 18: (5 p. b., 2 p. b. jun.) 6 veces (36 p.).

Vuelta 19: (4 p. b., 2 p. b. jun.) 6 veces (30 p.).

Vuelta 20: (3 p. b., 2 p. b. jun.) 6 veces (24 p.).

Vuelta 21: (2 p. b., 2 p. b. jun.) 6 veces (18 p.).

Introduzca abundante relleno.

Vuelta 22: (1 p. b., 2 p. b. jun.) 6 veces (12 p.).

Vuelta 23: (2 p. b. jun.) 6 veces (6 p.). Con una aguja de tapicería, pase el hilo a través de los últimos p. b. de la vuelta y cíñalo para cerrar el agujero. Remate la labor y esconda los cabos.

Montaje

Cada cactus tiene cinco costillas. Con la aguja de tapicería y un trozo de hilo A, haga pequeñas puntadas en la parte superior, en una de las costuras laterales, para crear una estrella. Introduzca abundante relleno en el cactus. Con hilo B y la aguja, haga pequeñas puntadas a lo largo de las costillas, a intervalos regulares, para crear las espinas. Cosa los cactus a la tierra.

Pachyphytum oviferum

Piedra de luna

La palabra latina *oviferum* del nombre científico de esta suculenta alude a la inusual forma ovoide de sus hojas. También se la conoce como planta de almendra por el tono azul grisáceo de sus hojas. Para lograr un efecto parecido, busque un hilo con un ligero toque de otro color en sus fibras.

TAMAÑO FINAL

La planta mide unos 11 cm de diámetro.

TENSIÓN

Para este proyecto, la muestra de tensión no es necesaria.

NECESITARÁ

- Metropolis de Scheepjes, 75 % lana, 25 % nailon (200 m por ovillo de 50 g): 1 ovillo de color 015 Ulsan (A)
- Merino Soft de Scheepjes, 50 % lana, 25 % microfibra, 25 % acrílico (105 m por ovillo de 50 g): 1 ovillo de color 607 Braque (B)
- Aguja de ganchillo de 3,5 mm
- Relleno de poliéster
- Aguja de tapicería
- Maceta de unos 7,5 cm de diámetro

Nota

La suculenta se teje en espiral con la técnica de los amigurumis (véase la página 128). Ponga un marcador de puntos al inicio de cada vuelta para poder situarse bien en el patrón.

Hoja grande (haga 9)

Con un ganchillo de 3,5 mm e hilo A, haga un anillo mágico (*véase la página 129*).
Vuelta 1: 1 cad., 5 p. b. en el anillo.
Vuelta 2: (2 p. b. en cada p.) 5 veces (10 p.).
Vuelta 3: (1 p. b., 2 p. b. en el p. sig.) 5 veces (15 p.).
Vuelta 4: Teja 1 p. b. en cada p.
Vuelta 5: (4 p. b., 2 p. b. en el p. sig.) 3 veces (18 p.).
Vueltas 6-9: Teja 1 p. b. en cada p.
Vuelta 10: (4 p. b., 2 p. b. jun.) 3 veces (15 p.).
Vueltas 11 y 12: Teja 1 p. b. en cada p.
Vuelta 13: (1 p. b., 2 p. b. jun.) 5 veces (10 p.).
Remate la labor dejando un cabo suelto.

Hoja pequeña (haga 3)

Con un ganchillo de 3,5 mm e hilo A, haga un anillo mágico.
Vuelta 1: 1 cad., 5 p. b. en el anillo.
Vuelta 2: (2 p. b. en cada p.) 5 veces (10 p.).
Vueltas 3 y 4: Teja 1 p. b. en cada p.
Vuelta 5: (4 p. b., 2 p. b. en el p. sig.) 2 veces (12 p.).
Vueltas 6-9: Teja 1 p. b. en cada p.
Vuelta 10: (4 p. b., 2 p. b. jun.) 2 veces (10 p.).
Remate la labor dejando un cabo suelto.

Hoja central

Con un ganchillo de 3,5 mm e hilo A, haga un anillo mágico.
Vuelta 1: 1 cad., 5 p. b. en el anillo.
Vuelta 2: (2 p. b. en cada p.) 5 veces (10 p.).
Vueltas 3-7: Teja 1 p. b. en cada p.
Vuelta 8: (3 p. b., 2 p. b. jun.) 2 veces (8 p.).
Remate la labor dejando un cabo suelto.

Tierra

Con un ganchillo de 3,5 mm e hilo B, haga un anillo mágico.
Vuelta 1: 1 cad., 6 p. b. en el anillo.
Vuelta 2: 2 p. b. en cada p. (12 p.).
Vuelta 3: (1 p. b., 2 p. b. en el p. sig.) 6 veces (18 p.).
Vuelta 4: (2 p. b., 2 p. b. en el p. sig.) 6 veces (24 p.).
Vueltas 5-12: Teja 1 p. b. en cada p.
Vuelta 13: (2 p. b., 2 p. b. jun.) 6 veces (18 p.).
Introduzca abundante relleno de poliéster.
Vuelta 14: (1 p. b., 2 p. b. jun.) 6 veces (12 p.).
Vuelta 15: (2 p. b. jun.) 6 veces (6 p.).
Con una aguja de tapicería, pase el hilo a través de los últimos p. b. de la vuelta y cíñalo para cerrar el agujero. Remate la labor y esconda los cabos.

Montaje

Introduzca un poco de relleno de poliéster dentro de cada hoja concentrándolo más en la punta. Disponga 6 hojas grandes en forma de estrella y, con el cabo suelto, cosa juntas las hileras finales para mantener la forma. Cosa este grupo de hojas a la tierra de ganchillo. Cosa encima otro grupo formado por 3 hojas grandes. Haga lo mismo pero con 3 hojas pequeñas. Una vez unidas, cósalas encima de las hojas grandes. Por último, cosa la pequeña hoja central en el medio.

Planta corazón

Un regalo ideal para un ser querido, esta suculenta de crecimiento lento también se conoce como flor de cera. Es una planta robusta con hojas carnosas y coriáceas que tolera muy bien la falta de riego. ¡Aunque esto nunca será problema con esta versión de ganchillo!

TAMAÑO FINAL

El cactus mide unos 8 cm de alto y 9 cm de ancho.

TENSIÓN

Para este proyecto, la muestra de tensión no es necesaria.

NECESITARÁ

- Metropolis de Scheepjes, 75 % lana, 25 % nailon (200 m por ovillo de 50 g): 1 ovillo de color 031 Canberra (A)
- Merino Soft de Scheepjes, 50 % lana, 25 % microfibra, 25 % acrílico (105 m por ovillo de 50 g): 1 ovillo de color 607 Braque (B)
- Aguja de ganchillo de 3,5 mm
- Cartón para el soporte interno
- Aguja de tapicería
- Maceta de unos 9 cm de diámetro

Nota

La planta se teje en espiral con la técnica de los amigurumis (véase la página 128). Primero haga un lado de la parte superior del corazón. Después teja el otro, pero, en vez de rematar el hilo, siga tejiendo para unir ambos lados y formar el corazón.

Vuelta 9: 10 p. b., 2 p. b. jun., 20 p. b., 2 p. b. jun., 10 p. b. (42 p.).

Vueltas 10 y 11: Teja 1 p. b. en cada p. (42 p.)

Vuelta 12: 10 p. b., 2 p. b. jun., 18 p. b., 2 p. b. jun., 10 p. b. (40 p.).

Vueltas 13 y 14: Teja 1 p. b. en cada p. (40 p.)

Vuelta 15: 10 p. b., 2 p. b. jun., 18 p. b., 2 p. b. jun., 8 p. b. (38 p.).

Vuelta 16: Teja 1 p. b. en cada p. (38 p.)

Vuelta 17: 10 p. b., 2 p. b. jun., 17 p. b., 2 p. b. jun., 7 p. b. (36 p.).

Vuelta 18: Teja 1 p. b. en cada p. (36 p.)

Vuelta 19: 10 p. b., 2 p. b. jun., 16 p. b., 2 p. b. jun., 6 p. b. (34 p.).

Vuelta 20: Teja 1 p. b. en cada p. (34 p.)

Vuelta 21: 10 p. b., 2 p. b. jun., 15 p. b., 2 p. b. jun., 5 p. b. (32 p.).

Vuelta 22: 10 p. b., 2 p. b. jun., 14 p. b., 2 p. b. jun., 4 p. b. (30 p.).

Remate la labor dejando un cabo suelto para coserla a la tierra.

Hoja

Con un ganchillo de 3,5 mm e hilo A, haga un anillo mágico (*véase la página 129*).

Vuelta 1: 1 cad., 6 p. b. en el anillo.

Vuelta 2: 2 p. b. en cada p. (12 p.).

Vuelta 3: (1 p. b., 2 p. b. en el p. sig.) 6 veces (18 p.).

Vuelta 4: (8 p. b., 2 p. b. en el p. sig.) 2 veces (20 p.).

Vuelta 5: (9 p. b., 2 p. b. en el p. sig.) 2 veces (22 p.).

Remate el hilo de este primer lado. Haga el segundo, pero no remate el hilo.

Vuelta 6: Junte ambos lados del corazón tejiendo 22 p. alrededor del primero y, después, 22 p. alrededor del segundo.

Vueltas 7 y 8: Teja 1 p. b. en cada p. (44 p.)

Tierra

Con un ganchillo de 3,5 mm e hilo B, haga un anillo mágico.

Vuelta 1: 1 cad., 6 p. b. en el anillo.

Vuelta 2: 2 p. b. en cada p. (12 p.).

Vuelta 3: (1 p. b., 2 p. b. en el p. sig.) 6 veces (18 p.).

Vuelta 4: (2 p. b., 2 p. b. en el p. sig.) 6 veces (24 p.).

Vuelta 5: (3 p. b., 2 p. b. en el p. sig.) 6 veces (30 p.).

Vuelta 6: (4 p. b., 2 p. b. en el p. sig.) 6 veces (36 p.).

Vueltas 7-14: Teja 1 p. b. en cada p.

Vuelta 15: (4 p. b., 2 p. b. jun.) 6 veces (30 p.).

Vuelta 16: (3 p. b., 2 p. b. jun.) 6 veces (24 p.).

Vuelta 17: (2 p. b., 2 p. b. jun.) 6 veces (18 p.).

Introduzca abundante relleno de poliéster.

Vuelta 18: (1 p. b., 2 p. b. jun.) 6 veces (12 p.).

Vuelta 19: (2 p. b. jun.) 6 veces (6 p.). Con una aguja de tapicería, pase el hilo a través de los últimos p. b. de la vuelta y cíñalo para cerrar el agujero. Remate la labor y esconda los cabos.

Montaje

Aplane la hoja con la palma de la mano. Colóquela encima de un trozo de cartón y trace el contorno con un lápiz. Recorte la forma justo por dentro de la línea trazada. Introduzca la forma de cartón en la hoja. Con el cabo suelto, cosa la hoja a la tierra y, después, colóquelo todo en la maceta.

Sedum morganianum

Cola de burro

Rebosante de tallos con gruesas hojitas parecidos a racimos de uvas, esta planta de aspecto exuberante suele encontrarse colgada en baños. Puede hacerla aún más larga añadiendo más cadenetas al patrón.

TAMAÑO FINAL

Los tallos más largos miden unos 15 cm.

TENSIÓN

Para este proyecto, la muestra de tensión no es necesaria.

NECESITARÁ

- River Washed de Scheepjes, 78 % algodón, 22 % acrílico (130 m por ovillo de 50 g):
  1 ovillo de color 962 Narmada (A)
- Merino Soft de Scheepjes, 50 % lana, 25 % microfibra, 25 % acrílico (105 m por ovillo de 50 g):
  1 ovillo de color 607 Braque (B)
- Aguja de ganchillo de 3,5 mm
- Relleno de poliéster
- Aguja de tapicería
- Maceta de unos 6 cm de diámetro

Nota

La característica estructura de las hojas de esta planta se recrea haciendo bucles (véase la página 132).

Tallo corto (haga 3)

Con un ganchillo de 3,5 mm e hilo A, haga 11 cad.

Hilera 1: 1 p. b. en la 2.ª cad. desde la aguja, 1 p. b. en cada cad. hasta el final, dé la vuelta a la labor.

Hilera 2: 1 cad., 1 bucle en el p. situado en la base de la cad. y luego en cada p. b. hasta el final, dele la vuelta y siga trabajando por el otro lado de las cad. (20 bucles).

Remate la labor dejando un cabo suelto.

Tallo mediano (haga 3)

Con un ganchillo de 3,5 mm e hilo A, haga 21 cad.

Hilera 1: 1 p. b. en la 2.ª cad. desde la aguja, 1 p. b. en cada cad. hasta el final, dé la vuelta a la labor.

Hilera 2: 1 cad., 1 bucle en el p. situado en la base de la cad. y luego en cada p. b. hasta el final, dele la vuelta y siga trabajando por el otro lado de las cad. (40 bucles).

Remate la labor dejando un cabo suelto.

Tallo largo (haga 2)

Con un ganchillo de 3,5 mm e hilo A, haga 31 cad.

Hilera 1: 1 p. b. en la 2.ª cad. desde la aguja, 1 p. b. en cada cad. hasta el final, dé la vuelta a la labor.

Hilera 2: 1 cad., 1 bucle en el p. situado en la base de la cad. y luego en cada p. b. hasta el final, dele la vuelta y siga trabajando por el otro lado de las cad. (60 bucles).

Remate la labor dejando un cabo suelto.

Tierra

Con un ganchillo de 3,5 mm e hilo B, haga un anillo mágico (*véase la página 129*).

Vuelta 1: 1 cad., 6 p. b. en el anillo.

Vuelta 2: 2 p. b. en cada p. (12 p.).

Vuelta 3: (1 p. b., 2 p. b. en el p. sig.) 6 veces (18 p.).

Vuelta 4: (2 p. b., 2 p. b. en el p. sig.) 6 veces (24 p.).

Vueltas 5-12: Teja 1 p. b. en cada p.

Vuelta 13: (2 p. b., 2 p. b. jun.) 6 veces (18 p.).

Introduzca abundante relleno.

Vuelta 14: (1 p. b., 2 p. b. jun.) 6 veces (12 p.).

Vuelta 15: (2 p. b. jun.) 6 veces (6 p.). Con una aguja de tapicería, pase el hilo a través de los últimos p. b. de la vuelta y cíñalo para cerrar el agujero. Remate la labor y esconda los cabos.

Montaje

Con los cabos sueltos, cosa el extremo de los tallos al centro de la tierra.

Árbol de jade ondulado

Este es un proyecto muy gratificante. Al hacer aumentos en cada punto de cada vuelta, se crea una forma hiperbólica, muy habitual en la naturaleza. Esta planta está compuesta de varias hojas onduladas. Para que quede más realista, utilice un hilo jaspeado.

TAMAÑO FINAL

El cactus mide unos 12 cm de diámetro.

NECESITARÁ

- Our Tribe de Scheepjes, 30% polia-mida, 70% lana (420 m por ovillo de 100 g):
  1 ovillo de color 977 A Spoonful of Yarn (A)
- Merino Soft de Scheepjes, 50% lana, 25% microfibra, 25% acrílico (105 m por ovillo de 50 g):
  1 ovillo de color 607 Braque (B)
- Aguja de ganchillo de 3,5 mm
- Relleno de poliéster
- Aguja de tapicería
- Maceta de unos 10 cm de diámetro

TENSIÓN

Para este proyecto, la muestra de tensión no es necesaria.

Nota

Las hojas se tejen en espiral con la técnica de los amigurumis (véase la página 128). Ponga un marcador de puntos al inicio de cada vuelta para poder situarse bien en el patrón.

Hojas
(haga 6)

Con un ganchillo de 3,5 mm e hilo A, haga un anillo mágico (*véase la página* 129).

Vuelta 1: 1 cad., 8 p. b. en el anillo.
Vuelta 2: 2 p. b. en cada p. (16 p.).
Vuelta 3: 2 p. b. en cada p. (32 p.).
Vuelta 4: 2 p. b. en cada p. (64 p.).
Vuelta 5: 2 p. b. en cada p. (128 p.).
Vuelta 6: 2 p. b. en cada p. (256 p.).
Vuelta 7: 2 p. b. en cada p. (512 p.).
Remate la labor y esconda los cabos.

Tierra

Con un ganchillo de 3,5 mm e hilo B, haga un anillo mágico.

Vuelta 1: 1 cad., 6 p. b. en el anillo.
Vuelta 2: 2 p. b. en cada p. (12 p.).
Vuelta 3: (1 p. b., 2 p. b. en el p. sig.) 6 veces (18 p.).
Vuelta 4: (2 p. b., 2 p. b. en el p. sig.) 6 veces (24 p.).
Vuelta 5: (3 p. b., 2 p. b. en el p. sig.) 6 veces (30 p.).
Vuelta 6: (4 p. b., 2 p. b. en el p. sig.) 6 veces (36 p.).

Vuelta 7: (5 p. b., 2 p. b. en el p. sig.) 6 veces (42 p.).
Vuelta 8: (6 p. b., 2 p. b. en el p. sig.) 6 veces (48 p.).
Vueltas 9-16: Teja 1 p. b. en cada p.
Vuelta 17: (6 p. b., 2 p. b. jun.) 6 veces (42 p.).
Vuelta 18: (5 p. b., 2 p. b. jun.) 6 veces (36 p.).
Vuelta 19: (4 p. b., 2 p. b. jun.) 6 veces (30 p.).
Vuelta 20: (3 p. b., 2 p. b. jun.) 6 veces (24 p.).
Vuelta 21: (2 p. b., 2 p. b. jun.) 6 veces (18 p.).
Introduzca abundante relleno.
Vuelta 22: (1 p. b., 2 p. b. jun.) 6 veces (12 p.).
Vuelta 23: (2 p. b. jun.) 6 veces (6 p.).
Con una aguja de tapicería, pase el hilo a través de los últimos p. b. de la vuelta y cíñalo para cerrar el agujero. Remate la labor y esconda los cabos.

Montaje

Arregle la labor de manera
que queden el máximo de
ondulaciones a la vista. Cosa
el centro de las hojas a la
tierra antes de colocarlo todo
en la maceta.

~~~~~~~~~~

Cóleo

Esta glamurosa planta de vivos colores queda magnífica recreada con hilos de tonos llamativos. No es fácil cuidar de la planta natural, así que ¿por qué no se hace una de lana? He utilizado un suave hilo grueso que replica la textura de las hojas reales.

TAMAÑO FINAL

Cada hoja grande mide unos 16 cm de largo y 10 cm de ancho.

TENSIÓN

Para este proyecto, la muestra de tensión no es necesaria.

NECESITARÁ

- Retreat de West Yorkshire Spinners, 100 % lana (140 m por ovillo de 100 g): 1 ovillo de cada color: 692 Bliss (A), 738 Calm (B) y 452 Serene (C)
- Merino Soft de Scheepjes, 50 % lana, 25 % microfibra, 25 % acrílico (105 m por ovillo de 50 g): 1 ovillo de color 607 Braque (D)
- Aguja de ganchillo de 3,5 mm
- Aguja de ganchillo de 4 mm
- Aguja de tapicería
- Alambre floral
- Maceta de unos 12 cm de diámetro

Nota

El característico patrón de la planta se recrea haciendo puntos largos (véase la página 134).

Hoja grande
(haga 8)

Con un ganchillo de 4 mm e hilo A, haga 12 cad.

Vuelta 1: 1 p. b. en la 2.ª cad., 1 p. m. a., 1 p. a., 2 p. a. en el p. sig., 2 p. a. d. en el p. sig., 1 p. a. d., 2 p. a. d. en el p. sig., 2 p. a. en el p. sig., 1 p. a., 1 p. m. a., 1 p. b. en la última cad., (ahora dele la vuelta y trabaje por el otro lado de la cad. base) 4 cad., 1 p. b. en la 3.ª cad. desde la aguja, 1 cad., 1 p. b. en la 1.ª cad. de la cad. base, 1 p. m. a., 1 p. a., 2 p. a. en el p. sig., 2 p. a. d. en el p. sig., 1 p. a. d., 2 p. a. d. en el p. sig., 2 p. a. en el p. sig., 1 p. a., 1 p. m. a., 1 p. b., 1 p. r. en la cad. de vuelta, 1 cad.

Vuelta 2: Trabajando en los p. de la 1.ª hilera, haga 14 p. b., (3 p. b., 2 cad., 3 p. b.) en las 3. cad. de la punta de la hoja, 14 p. b., 1 cad., 1 p. r. en la última cad. de la vuelta anterior. Remate el hilo A.

Vuelta 3: Cambie al hilo B, 3 p. b. en el 1.ᵉʳ p. de la vuelta anterior, 2 p. b., 1 p. largo, 3 p. b., 1 p. largo, 2 p. b., 1 p. largo, 3 p. b., 1 p. largo, 4 p. b., (1 p. b., 2 cad., 1 p. b.) en el esp. de cad. de la punta de la hoja, 4 p. b., 1 p. largo, 3 p. b., 1 p. largo, 2 p. b., 1 p. largo, 3 p. b., 1 p. largo, 2 p. b., 2 p. b. en la última cad. de la vuelta anterior.

Vuelta 4: 2 p. b. en el 1.ᵉʳ p., 2 p. b. en el p. sig., 1 p. a., 2 p. a. en cada uno de los sig. 6 p., 2 p. m. a., 2 p. m. a. en el p. sig., 3 p. m. a., 6 p. b., 3 cad., 6 p. b., 3 p. m. a., 2 p. m. a. en el p. sig., 2 p. m. a., 2 p. a. en cada uno de los sig. 6 p., 1 p. a., 2 p. b. en cada uno de los sig. 2 p. Remate el hilo B.

Vuelta 5: Cambie al hilo C, 10 p. b., 1 p. largo, 3 p. b., 1 p. largo, 3 p. m. a., 1 p. largo, 2 p. m. a., 1 p. largo, 1 p. m. a., 1 p. largo, 1 p. m. a., 1 p. largo, 5 p. a., 6 p. a. en el esp. de 3 cad. de la punta de la hoja, 5 p. a., 1 p. largo, 1 p. m. a.,

1 p. largo, 1 p. m. a., 1 p. largo, 2 p. m. a., 1 p. largo, 3 p. m. a., 1 p. largo, 3 p. b., 1 p. largo, 10 p. b., 1 p. r. en el 1.ᵉʳ p. b. Remate la labor y esconda los cabos.

Hoja pequeña
(haga 2)

Con un ganchillo de 4 mm e hilo A, haga 8 cad.

Vuelta 1: 1 p. b. en la 2.ª cad., 1 p. m. a., 1 p. a., 2 p. m. a., 1 p. b. en la última cad., (ahora dele la vuelta y trabaje por el otro lado de la cad. base), 2 cad., 1 p. b. en la 1.ª cad. de la cad. base, 2 p. m. a., 1 p. a., 1 p. m. a., 1 p. b., 1 p. r. en la cad. de vuelta, 1 cad. Remate el hilo A.

Vuelta 2: Cambie al hilo B y, trabajando en los p. de la 1.ª hilera, 2 p. b. en el p. sig., 1 p. b., 3 p. m. a., 2 p. a. en el p. sig., 2 p. a. en cada uno de los 2 esp. de cad. de la punta de la hoja, 2 p. a. en el p. sig., 3 p. m. a., 1 p. b., 2 p. b. en el p. sig., 1 p. r. en la cad. de vuelta. Remate el hilo B.

Vuelta 3: Cambie al hilo C, 2 p. b. en cada uno de los sig. 2 p., 4 p. b., 2 p. b. en cada uno de los sig. 2 p., 2 p. b., 2 cad., 2 p. b., 2 p. b. en cada uno de los sig. 2 p., 4 p. b., 2 p. b. en cada uno de los sig. 2 p.
Remate la labor y esconda los cabos.

Tierra

Con un ganchillo de 3,5 mm e hilo D, haga un anillo mágico (*véase la página 129*).

Vuelta 1: 1 cad., 6 p. b. en el anillo.

Vuelta 2: 2 p. b. en cada p. (12 p.).

Vuelta 3: (1 p. b., 2 p. b. en el p. sig.) 6 veces (18 p.).

Vuelta 4: (2 p. b., 2 p. b. en el p. sig.) 6 veces (24 p.).

Vuelta 5: (3 p. b., 2 p. b. en el p. sig.) 6 veces (30 p.).

Vuelta 6: (4 p. b., 2 p. b. en el p. sig.) 6 veces (36 p.).

Vuelta 7: (5 p. b., 2 p. b. en el p. sig.) 6 veces (42 p.).

Vuelta 8: (6 p. b., 2 p. b. en el p. sig.) 6 veces (48 p.).

Vueltas 9-16: Teja 1 p. b. en cada p.

Vuelta 17: (6 p. b., 2 p. b. jun.) 6 veces (42 p.).

Vuelta 18: (5 p. b., 2 p. b. jun.) 6 veces (36 p.).

Vuelta 19: (4 p. b., 2 p. b. jun.) 6 veces (30 p.).

Vuelta 20: (3 p. b., 2 p. b. jun.) 6 veces (24 p.).

Vuelta 21: (2 p. b., 2 p. b. jun.) 6 veces (18 p.).

Introduzca abundante relleno.

Vuelta 22: (1 p. b., 2 p. b. jun.) 6 veces (12 p.).

Vuelta 23: (2 p. b. jun.) 6 veces (6 p.).

Con una aguja de tapicería, pase el hilo a través de los últimos p. b. de la vuelta y cíñalo para cerrar el agujero. Remate la labor y esconda los cabos.

Montaje

Por el revés de la labor, pase un trozo de alambre floral por el centro de cada hoja. Coloque 2 hojas grandes de modo que queden en posición opuesta y cósalas juntas por la base. Disponga otras 2 hojas grandes en perpendicular y cósalas encima. Haga lo mismo con las 4 hojas grandes restantes. Clave el extremo del alambre de cada hoja en la tierra y dóblelo para fijarlo. Cosa la base de las hojas inferiores encima de la tierra. Ponga las 2 hojas pequeñas en el centro y cósalas. Manipule los alambres para darle a la planta un aspecto natural.

Pita

Esta magnífica e imponente planta es uno de los gigantes del mundo de las plantas, ya que suele alcanzar los 2 o 3 metros de altura. En su versión a ganchillo, mucho más pequeña, las espinas de sus hojas están hechas con piquitos.

TAMAÑO FINAL

La planta mide unos 20 cm de diámetro.

TENSIÓN

Para este proyecto, la muestra de tensión no es necesaria.

NECESITARÁ

- Metropolis de Scheepjes, 75 % lana, 25 % nailon (200 m por ovillo de 50 g): 1 ovillo de cada color: 031 Canberra (A), 026 Depok (B) y 033 Atlanta (C)
- Merino Soft de Scheepjes, 50 % lana, 25 % microfibra, 25 % acrílico (105 m por ovillo de 50 g): 1 ovillo de color 607 Braque (D)
- Aguja de ganchillo de 3 mm
- Aguja de ganchillo de 3,5 mm
- Relleno de poliéster
- Aguja de tapicería
- Alambre floral
- Maceta de unos 10 cm de diámetro

Nota

Las hojas se trabajan en hileras, tejiendo en ambos lados de la cadeneta base.

Hoja grande (haga 7)

Con un ganchillo de 3 mm e hilo A, haga 24 cad. alrededor del alambre (*véase la página 133*).

Hilera 1: 1 p. b. en la 2.ª cad. desde la aguja, 1 p. b. en cada cad., dele la vuelta (23 p.). Remate el hilo A.

Hilera 2 (R.): Cambie al hilo B, 1 p. r. en el 1.ᵉʳ p. b., 1 cad., 1 p. r. en la base de la cad., 3 p. r., 5 p. b., 4 p. m. a., 3 p. a., 4 p. m. a., 2 p. b., 2 p. b. en el p. sig., 1 cad., (ahora dele la vuelta y trabaje por el otro lado de la cad. base), 2 p. b. en el p. sig., 2 p. b., 4 p. m. a., 3 p. a., 4 p. m. a., 5 p. b., 4 p. r., dele la vuelta (49 p.). Remate el hilo B.

Hilera 3 (D.): Incorpore el hilo C con 1 p. r., 1 cad., 1 p. b. en la base de la cad., 3 p. b., 2 p. m. a., 12 p. a., 1 p. m. a., 5 p. b., (1 p. a. d., 3 cad., 1 p. r.) en la cad. de vuelta, (ahora dele la vuelta y trabaje por el otro lado de la hoja), 5 p. b., 1 p. m. a., 12 p. a., 2 p. m. a., 4 p. b., dele la vuelta (50 p.).

Hilera 4 (R.): 1 cad., 1 p. r. en la base de la cad., *2 p. r., (1 p. r., 2 cad., 1 p. r.) en el p. sig.; repita desde * 6 veces, 2 p. r., 1 p. r. en el esp. de cad., (1 p. r., 2 cad., 1 p. r.) encima del p. a. d. de la punta de la hoja,

1 p. r. en el lado del p. a. d.,** 2 p. r., (1 p. r., 2 cad., 1 p. r.) en el p. sig.; repita desde ** 6 veces, 3 p. r. Remate la labor dejando un cabo suelto.

Hoja pequeña (haga 3)

Esta hoja no lleva alambre central. Con un ganchillo de 3 mm e hilo A, haga 6 cad.

Hilera 1: 1 p. b. en la 2.ª cad. desde la aguja, 1 p. b. en cada cad., dé la vuelta a la labor (5 p.). Remate el hilo A.

Hilera 2 (R.): Cambie al hilo B, 1 cad., 1 p. b. en la base de la

cad., 4 p. b., 2 cad., (ahora dele la vuelta y trabaje por el otro lado de la cad. base), 5 p. b. (12 p.). Remate el hilo B.

Hilera 3 (D.): Incorpore el hilo C con 1 p. r., 1 cad., 2 p. b. en la base de la cad., 4 p. b., 1 p. b. en el esp. de cad., 2 cad., 1 p. r. en el mismo esp. de cad., (ahora dele la vuelta y teja por el otro lado de la hoja)

4 p. b., 2 p. b. en el p. sig. Remate la labor dejando un cabo suelto.

Tierra

Con un ganchillo de 3,5 mm e hilo D, haga un anillo mágico (*véase la página 129*).

Vuelta 1: 1 cad., 6 p. b. en el anillo.

Vuelta 2: 2 p. b. en cada p. (12 p.).

Vuelta 3: (1 p. b., 2 p. b. en el p. sig.) 6 veces (18 p.).

Vuelta 4: (2 p. b., 2 p. b. en el p. sig.) 6 veces (24 p.).

Vuelta 5: (3 p. b., 2 p. b. en el p. sig.) 6 veces (30 p.).

Vuelta 6: (4 p. b., 2 p. b. en el p. sig.) 6 veces (36 p.).

Vuelta 7: (5 p. b., 2 p. b. en el p. sig.) 6 veces (42 p.).

Vuelta 8: (6 p. b., 2 p. b. en el p. sig.) 6 veces (48 p.).

Vueltas 9-16: Teja 1 p. b. en cada p.

Vuelta 17: (6 p. b., 2 p. b. jun.) 6 veces (42 p.).

Vuelta 18: (5 p. b., 2 p. b. jun.) 6 veces (36 p.).

Vuelta 19: (4 p. b., 2 p. b. jun.) 6 veces (30 p.).

Vuelta 20: (3 p. b., 2 p. b. jun.) 6 veces (24 p.).

Vuelta 21: (2 p. b., 2 p. b. jun.) 6 veces (18 p.).

Introduzca abundante relleno.

Vuelta 22: (1 p. b., 2 p. b. jun.) 6 veces (12 p.).

Vuelta 23: (2 p. b. jun.) 6 veces (6 p.). Con una aguja de tapicería, pase el hilo a través de los últimos p. b. de la vuelta y cíñalo para cerrar el agujero. Remate la labor y esconda los cabos.

Montaje

Disponga las 7 hojas grandes en forma de estrella. Clave el extremo del alambre de cada hoja en la tierra y dóblelo para fijarlo. Cosa la base de las hojas encima de la tierra. Coloque las 3 hojas pequeñas en forma de estrella, cósalas juntas para asegurarse de que mantienen el espacio entre ellas y, después, cósalas encima de las hojas grandes. Manipule los alambres para darle a la planta un aspecto natural.

Yuca

La yuca vuelve a estar de moda debido a su bonita apariencia angular y a su toque exótico. Esta planta tan espectacular tiene unas hojas largas de color verde amarillento parecidas a espadas arqueadas que crecen en forma de penacho en lo alto de un tronco sin ramificaciones.

TAMAÑO FINAL

La planta en la maceta mide unos 30 cm de altura desde la base del tronco hasta la punta de las hojas.

NECESITARÁ

- Metropolis de Scheepjes, 75 % lana, 25 % nailon (200 m por ovillo de 50 g): 1 ovillo de cada color: 032 Abu Dhabi (A) y 031 Canberra (B)
- Haworth Tweed DK (ligero) de Sirdar, 50 % nailon, 50 % lana (165 m por ovillo de 50 g): 1 ovillo de color 910 Harewood Chestnut (C)
- Merino Soft de Scheepjes, 50 % lana, 25 % microfibra, 25 % acrílico (105 m por ovillo de 50 g): 1 ovillo de color 607 Braque (D)
- Aguja de ganchillo de 3 mm
- Aguja de ganchillo de 3,5 mm
- Relleno de poliéster
- Aguja de tapicería
- Alambre floral
- Tubo de cartón (por ejemplo, de un rollo de papel higiénico)
- Maceta de unos 12 cm de diámetro

TENSIÓN

Para este proyecto, la muestra de tensión no es necesaria.

Nota

El tronco se hace rodeando el tubo de cartón de un rollo de papel higiénico. Las hojas de la planta se trabajan en hileras. Refuércelas integrando un alambre en la vuelta 2 (véase la página 133). Teja un lado de la hoja, luego el otro y, por último, complétela trabajando una hilera de p. b. con hilo A o B.

Tronco

Con un ganchillo de 3,5 mm e hilo C, haga un anillo mágico (*véase la página 129*).
Vuelta 1: 1 cad., 7 p. b. en el anillo.
Vuelta 2: 2 p. b. en cada p. (14 p.).
Vuelta 3: (1 p. b., 2 p. b. en el p. sig.) 7 veces (21 p.).
Vuelta 4: 1 p. b. en cada p. (21 p.).
Vueltas 5-22: Teja 1 p. b. en la laz. tras. de cada p. (21 p.)

Hoja muy grande (haga 4)

Haga 2 con hilo A, y 2 con hilo B.
Hilera 1: Con un ganchillo de 3 mm, teja 45 cad. Mantenga el alambre floral encima de las cad.: trabajará a su alrededor para encerrarlo con los p.
Hilera 2: Introduzca el ganchillo en la 2.ª cad. desde la aguja, e. h. y sáquela por el p., pase el ganchillo por encima del alambre y los p., e. h. y sáquela por las dos laz. de la aguja, encerrando el alambre. Repita hasta el final, ponga un marcador de puntos y dé la vuelta a la labor (44 p.). Tire del alambre para que quede al inicio de la hilera.
Hilera 3 (R.): 1 cad., 40 p. b., 4 p. r., 1 cad., (ahora trabaje por el otro lado de la hoja en el otro lado de las cad.), 4 p. r., 40 p. b., dele la vuelta (89 p.).
Hilera 4 (D.): 1 cad., 40 p. b., 4 p. r., (1 p. r., 2 cad., 1 p. r.) en el esp. de cad., 4 p. r., 40 p. b. Remate la labor dejando un cabo suelto.

Hoja grande (haga 4)

Hilera 1: Con un ganchillo de 3 mm e hilo A, haga 37 cad. Mantenga el alambre floral encima de las cad.: trabajará a su alrededor para encerrarlo con los p. que teja.
Hilera 2: Introduzca el ganchillo en la 2.ª cad. desde la aguja, e. h. y sáquela por el p., pase el ganchillo por encima del alambre y los p., e. h. y sáquela por las dos laz. de la aguja, encerrando el alambre. Repita hasta el final, ponga un marcador de puntos y dé la vuelta a la labor (36 p.). Tire del alambre para que quede al inicio de la hilera.
Hilera 3 (R.): 1 cad., 32 p. b., 4 p. r., 1 cad., (ahora trabaje por el otro lado de la hoja en el otro lado de las cad.), 4 p. r., 32 p. b., dele la vuelta (73 p.). Remate el hilo A dejando un cabo largo.
Hilera 4 (D.): 1 cad., 32 p. b., 4 p. r., (1 p. r., 2 cad., 1 p. r.) en el esp. de cad., 4 p. r., 32 p. b. Remate la labor dejando un cabo suelto.

Hoja mediana (haga 5)

Haga 2 con hilo A, y 3 con hilo B.

Hilera 1: Con un ganchillo de 3 mm, teja 31 cad. Mantenga el alambre floral encima de las cad.: trabajará a su alrededor para encerrarlo con los p.
Hilera 2: Introduzca el ganchillo en la 2.ª cad. desde la aguja, e. h. y sáquela por el p., pase el ganchillo por encima del alambre y los p., e. h. y sáquela por las dos laz. de la aguja, encerrando el alambre. Repita hasta el final, ponga un marcador de puntos y dé la vuelta a la labor (30 p.). Tire del alambre para que quede al inicio de la hilera.
Hilera 3 (R.): 1 cad., 26 p. b., 4 p. r., 1 cad., (ahora trabaje por el otro lado de la hoja en el otro lado de las cad.), 4 p. r., 26 p. b., dele la vuelta (61 p.).
Hilera 4 (D.): 1 cad., 26 p. b., 4 p. r., (1 p. r., 2 cad., 1 p. r.) en el esp. de cad., 4 p. r., 26 p. b. Remate la labor dejando un cabo suelto.

Hoja pequeña (haga 2)

Hilera 1: Con un ganchillo de 3 mm e hilo A, haga 21 cad. Mantenga el alambre floral encima de las cad.: trabajará a su alrededor para encerrarlo con los p. que teja.
Hilera 2: Introduzca el ganchillo en la 2.ª cad. desde la aguja, e. h. y sáquela por el p., pase el ganchillo por encima del alambre y los p., e. h. y sáquela por las dos laz. de la aguja, encerrando el alambre. Repita hasta el final, ponga un marcador de puntos y dé la vuelta a la labor (20 p.). Tire del alambre para que quede al inicio de la hilera.
Hilera 3 (R.): 1 cad., 16 p. b., 4 p. r.,

l cad., (ahora trabaje por el otro lado de la hoja en el otro lado de las cad.), 4 p. r., 16 p. b., dele la vuelta (41 p.).

Hilera 4 (D.): 1 cad., 16 p. b., 4 p. r., (1 p. r., 2 cad., 1 p. r.) en el esp. de cad., 4 p. r., 16 p. b. Remate la labor dejando un cabo suelto.

Hojas minis (haga 3)

Hilera 1: Con un ganchillo de 3 mm e hilo A, haga 11 cad. Mantenga el alambre floral encima de las

cad.: trabajará a su alrededor para encerrarlo con los p. que teja.

Hilera 2: Introduzca el ganchillo en la 2.ª cad.desde la aguja, e. h. y sáquela por el p., pase el ganchillo por encima del alambre y los p., e. h. y sáquela por las dos laz. de la aguja, encerrando el alambre. Repita hasta el final, ponga un marcador de puntos y dé la vuelta a la labor (10 p.). Tire del alambre para que quede al inicio de la hilera y luego córtelo para que encaje dentro de las cadenetas. Esconda los cabos sueltos.

Hilera 3 (R.): 1 cad., 8 p. b., 2 p. r., 1 cad., (ahora trabaje por el otro lado de la hoja en el otro lado de las cad.), 2 p. r., 8 p. b., dele la vuelta (21 p.). Remate el hilo A dejando un cabo largo.

Tierra

Con un ganchillo de 3,5 mm e hilo D, haga un anillo mágico (*véase la página 129*).
Vuelta 1: 1 cad., 6 p. b. en el anillo.
Vuelta 2: 2 p. b. en cada p. (12 p.).
Vuelta 3: (1 p. b., 2 p. b. en el p. sig.) 6 veces (18 p.).
Vuelta 4: (2 p. b., 2 p. b. en el p. sig.) 6 veces (24 p.).
Vuelta 5: (3 p. b., 2 p. b. en el p. sig.) 6 veces (30 p.).
Vuelta 6: (4 p. b., 2 p. b. en el p. sig.) 6 veces (36 p.).
Vuelta 7: (5 p. b., 2 p. b. en el p. sig.) 6 veces (42 p.).
Vuelta 8: (6 p. b., 2 p. b. en el p. sig.) 6 veces (48 p.).
Vuelta 9: (7 p. b., 2 p. b. en el p. sig.) 6 veces (54 p.).
Vuelta 10: (8 p. b., 2 p. b. en el p. sig.) 6 veces (60 p.).

Vueltas 11-18: Teja 1 p. b. en cada p.
Vuelta 19: (8 p. b., 2 p. b. jun.) 6 veces (54 p.).
Vuelta 20: (7 p. b., 2 p. b. jun.) 6 veces (48 p.).
Vuelta 21: (6 p. b., 2 p. b. jun.) 6 veces (42 p.).
Vuelta 22: (5 p. b., 2 p. b. jun.) 6 veces (36 p.).
Vuelta 23: (4 p. b., 2 p. b. jun.) 6 veces (30 p.).
Vuelta 24: (3 p. b., 2 p. b. jun.) 6 veces (24 p.).
Vuelta 25: (2 p. b., 2 p. b. jun.) 6 veces (18 p.).
Introduzca abundante relleno.
Vuelta 26: (1 p. b., 2 p. b. jun.) 6 veces (12 p.).
Vuelta 27: (2 p. b. jun.) 6 veces (6 p.).
Con una aguja de tapicería, pase el hilo a través de los últimos p. b. de la vuelta y cíñalo para cerrar el agujero. Remate la labor y esconda los cabos.

Montaje

Meta el tubo de cartón en la pieza del tronco. Introduzca abundante relleno en el tronco. Colóquelo en el centro de la tierra y, con el cabo suelto, cóselo. Clave el alambre de las hojas muy grandes, grandes, medianas y pequeñas en la parte superior del tronco y utilice los cabos largos para coser la base de las hojas a la parte superior del tronco. Cosa las hojas minis agrupadas a un lado del tronco. Retuerza un poco las hojas para darles un aspecto natural.

Tradescantia zebrina

Amor de hombre

Esta planta puede ser de varios colores y debe su nombre científico a sus rayas, que recuerdan las de las cebras. Sea natural o de ganchillo, queda preciosa puesta de manera que cuelgue de un estante o una repisa.

TAMAÑO FINAL

Las hojas mides unos 25 cm de largo y 4 cm de ancho.

TENSIÓN

Para este proyecto, la muestra de tensión no es necesaria.

NECESITARÁ

- Catona de Scheepjes, 100 % algodón (125 m por ovillo de 50 g): 1 ovillo de cada color: 394 Shadow Purple (A) y 226 Light Orchid (B)
- Merino Soft de Scheepjes, 50 % lana, 25 % microfibra, 25 % acrílico (105 m por ovillo de 50 g): 1 ovillo de color 607 Braque (C)
- Aguja de ganchillo de 3 mm
- Aguja de ganchillo de 3,5 mm
- Relleno de poliéster
- Aguja de tapicería
- Alambre floral
- Maceta de unos 10 cm de diámetro

Nota

Las hojas de la planta se trabajan en hileras. Teja un lado de la hoja, luego el otro y, por último, complétela trabajando una hilera de p. b. con hilo B o A. Refuerce los tallos integrando un alambre en la vuelta 2 (véase la página 133).

Hoja con rayas (haga 43)

Con un ganchillo de 3 mm e hilo A, haga 6 cad.

Hilera 1: 1 p. b. en la 2.ª cad. desde la aguja, 1 p. b. en cada cad. hasta el final, dé la vuelta a la labor (5 p.).

Hilera 2 (D.): Cambie al hilo B, 1 cad., 1 p. b. en la base de la cad., 4 p. b., 2 cad., (ahora dele la vuelta y trabaje por el otro lado de la cad. base), 5 p. b. (12 p.). Remate el hilo B.

Hilera 3 (D.): Incorpore el hilo A con 1 p. r., 1 cad., 2 p. b. en la base de la cad., 4 p. b., 1 p. b. en el esp. de cad., 2 cad., 1 p. r. en el mismo esp. de cad., (ahora dele la vuelta y trabaje por el otro lado de la hoja) 4 p. b., 2 p. b. en el p. sig. Remate la labor dejando un cabo suelto.

Hoja lisa (haga 7)

Con un ganchillo de 3 mm e hilo A, haga 6 cad.

Hilera 1: 1 p. b. en la 2.ª cad. desde la aguja, 1 p. b. en cada cad. hasta el final, dé la vuelta a la labor (5 p.).

Hilera 2 (D.): 1 cad., 1 p. b. en la base de la cad., 4 p. b., 2 cad., (ahora dele la vuelta y trabaje por el otro lado de la cad. base), 5 p. b. (12 p.). Remate la labor dejando un cabo suelto.

Tallo largo (haga 4)

Hilera 1: Con un ganchillo de 3 mm e hilo A, haga 41 cad. Mantenga el alambre floral encima de las cad.: trabajará a su alrededor para encerrarlo con los p. que teja.

Hilera 2: Introduzca el ganchillo en la 2.ª cad. desde la aguja, e. h. y sáquela por el p., pase el ganchillo por encima del alambre y los p., e. h. y sáquela por las dos laz. de la aguja, encerrando el alambre. Repita hasta el final, ponga un marcador de puntos y dé la vuelta a la labor (40 p.). Tire del alambre para que quede al inicio de la hilera.

Remate la labor dejando un cabo suelto.

Tallo corto (haga 3)

Hilera 1: Con un ganchillo de 3 mm e hilo A, haga 31 cad. Mantenga el alambre floral encima de las cad.: trabajará a su alrededor para encerrarlo con los p. que teja.

Hilera 2: Introduzca el ganchillo en la 2.ª cad. desde la aguja, e. h. y sáquela por el p., pase el ganchillo por encima del alambre y los p., e. h. y sáquela por las dos laz. de la aguja, encerrando el alambre. Repita hasta el final, ponga un marcador de puntos y dé la vuelta a la labor (30 p.). Tire del alambre para que quede al inicio de la hilera.

Remate la labor dejando un cabo suelto.

Tierra

Con un ganchillo de 3,5 mm e hilo C, haga un anillo mágico (*véase la página 129*).

Vuelta 1: 1 cad., 6 p. b. en el anillo.

Vuelta 2: 2 p. b. en cada p. (12 p.).

Vuelta 3: (1 p. b., 2 p. b. en el p. sig.) 6 veces (18 p.).

Vuelta 4: (2 p. b., 2 p. b. en el p. sig.) 6 veces (24 p.).

Vuelta 5: (3 p. b., 2 p. b. en el p. sig.) 6 veces (30 p.).

Vuelta 6: (4 p. b., 2 p. b. en el p. sig.) 6 veces (36 p.).

Vuelta 7: (5 p. b., 2 p. b. en el p. sig.) 6 veces (42 p.).

Vuelta 8: (6 p. b., 2 p. b. en el p. sig.) 6 veces (48 p.).

Vueltas 9-16: Teja 1 p. b. en cada p.

Vuelta 17: (6 p. b., 2 p. b. jun.) 6 veces (42 p.).

Vuelta 18: (5 p. b., 2 p. b. jun.) 6 veces (36 p.).

Vuelta 19: (4 p. b., 2 p. b. jun.) 6 veces (30 p.).

Vuelta 20: (3 p. b., 2 p. b. jun.) 6 veces (24 p.).

Vuelta 21: (2 p. b., 2 p. b. jun.) 6 veces (18 p.).

Introduzca abundante relleno.

Vuelta 22: (1 p. b., 2 p. b. jun.) 6 veces (12 p.).

Vuelta 23: (2 p. b. jun.) 6 veces (6 p.). Con una aguja de tapicería, pase el hilo a través de los últimos p. b. de la vuelta y cíñalo para cerrar el agujero. Remate la labor y esconda los cabos.

Montaje

Esconda el cabo suelto de hilo B de cada hoja. Clave el alambre de los tallos en la tierra y use los cabos sueltos de hilo A para coserlos encima de la tierra. Cosa una hoja lisa en la punta de cada tallo y luego distribuya las hojas con rayas dejando unos 6 puntos de distancia entre cada una (van 5 hojas en los tallos cortos y 7 en los largos). Ondule un poco los tallos para darles un aspecto natural.

Planta china del dinero

Esta popular planta de interior procedente del sur de la China es inconfundible. Debido a la forma plana y redonda de sus hojas, también se conoce como planta lefse o planta ovni. Una versión a ganchillo será, sin duda, una fascinante incorporación a la decoración de su hogar.

TAMAÑO FINAL

La planta mide unos 9 cm de altura.

NECESITARÁ

- Special DK (ligero) de Stylecraft, 100 % acrílico (295 m por ovillo de 100 g):
  Pequeñas cantidades de los colores 1852 Apple Green (A) y 1004 Dark Brown (B)
- Aguja de ganchillo de 3,5 mm
- Relleno de poliéster
- Aguja de tapicería
- Alambre floral
- Maceta de unos 10 cm de diámetro

TENSIÓN

Para este proyecto, la muestra de tensión no es necesaria.

Nota

El proyecto se teje en espiral con la técnica de los amigurumis (véase la página 128). Ponga un marcador de puntos al inicio de cada vuelta para poder situarse bien en el patrón.

Hoja grande (haga 3)

Con un ganchillo de 3,5 mm e hilo A, haga un anillo mágico (*véase la página 129*).

Vuelta 1: 1 cad., 8 p. b. en el anillo.

Vuelta 2: 2 p. b. en cada p. (16 p.).

Vuelta 3: Teja 1 p. b. en cada p.

Vuelta 4: (1 p. b., 2 p. b. en el p. sig.) 8 veces (24 p.).

Vuelta 5: Teja 1 p. b. en cada p.

Vuelta 6: (2 p. b., 2 p. b. en el p. sig.) 8 veces (32 p.).

Vuelta 7: Teja 1 p. b. en cada p.

Vuelta 8: Teja 1 p. b. en la laz. tras. de cada p.

Vuelta 9: (2 p. b., 2 p. b. jun.) 8 veces (24 p.).

Vuelta 10: Teja 1 p. b. en cada p.

Vuelta 11: (1 p. b., 2 p. b. jun.) 8 veces (16 p.).

Vuelta 12: Teja 1 p. b. en cada p.

Vuelta 13: (2 p. b. jun.) 8 veces (8 p.). Remate la labor dejando un cabo largo.

Hoja pequeña (haga 4)

Con un ganchillo de 3,5 mm e hilo A, haga un anillo mágico.

Vuelta 1: 1 cad., 8 p. b. en el anillo.

Vuelta 2: 2 p. b. en cada p. (16 p.).

Vuelta 3: Teja 1 p. b. en cada p.

Vuelta 4: (1 p. b., 2 p. b. en el p. sig.) 8 veces (24 p.).

Vuelta 5: Teja 1 p. b. en cada p.

Vuelta 6: Teja 1 p. b. en la laz. tras. de cada p.

Vuelta 7: (1 p. b., 2 p. b. jun.) 8 veces (16 p.).

Vuelta 8: Teja 1 p. b. en cada p.

Vuelta 9: (2 p. b. jun.) 8 veces (8 p.). Remate la labor dejando un cabo largo.

Tallo largo (haga 1)

Hilera 1: Con un ganchillo de 3,5 mm e hilo A, haga 17 cad. Mantenga el alambre floral encima de las cad.: trabajará a su alrededor para encerrarlo con los p. que teja (*véase la página 133*).

Hilera 2: Introduzca el ganchillo en la 2.ª cad. desde la aguja, e. h. y sáquela por el p., pase el ganchillo por encima del alambre y los p., e. h. y sáquela por las dos laz.de la aguja, encerrando el alambre. Repita hasta el final (16 p.). Tire del alambre para que quede al inicio de la hilera.
Remate la labor dejando un cabo largo.

Tallo mediano (haga 2)

Hilera 1: Con un ganchillo de 3,5 mm e hilo A, haga 15 cad. Mantenga el alambre floral encima de las cad.: trabajará a su alrededor para encerrarlo con los p. que teja.

Hilera 2: Introduzca el ganchillo en la 2.ª cad. desde la aguja, e. h. y sáquela por el p., pase el ganchillo por encima del alambre y los p., e. h. y sáquela por las dos laz. de la aguja, encerrando el alambre. Repita hasta el final (14 p.). Tire del alambre para que quede al inicio de la hilera. Remate la labor dejando un cabo largo.

Vuelta 6: (4 p. b., 2 p. b. en el p. sig.) 6 veces (36 p.).

Vuelta 7: (5 p. b., 2 p. b. en el p. sig.) 6 veces (42 p.).

Vuelta 8: (6 p. b., 2 p. b. en el p. sig.) 6 veces (48 p.).

Vueltas 9-16: Teja 1 p. b. en cada p.

Vuelta 17: (6 p. b., 2 p. b. jun.) 6 veces (42 p.).

Vuelta 18: (5 p. b., 2 p. b. jun.) 6 veces (36 p.).

Vuelta 19: (4 p. b., 2 p. b. jun.) 6 veces (30 p.).

Vuelta 20: (3 p. b., 2 p. b. jun.) 6 veces (24 p.).

Vuelta 21: (2 p. b., 2 p. b. jun.) 6 veces (18 p.).

Introduzca abundante relleno

Vuelta 22: (1 p. b., 2 p. b. jun.) 6 veces (12 p.).

Vuelta 23: (2 p. b. jun.) 6 veces (6 p.).

Con una aguja de tapicería, pase el hilo a través de los últimos p. b. de la vuelta y cíñalo para cerrar el agujero. Remate la labor y esconda los cabos.

Montaje

Aplane la hoja con la palma de la mano. Con el cabo suelto, haga pequeñas puntadas para juntar ambos lados de la hoja. Cosa 1 hoja grande en la punta del tallo largo un poco descentrada. Clave el alambre floral en el centro de la tierra y dóblelo. Use el cabo suelto del tallo para coserlo encima de la tierra. Repita el proceso para coser las dos hojas grandes restantes a los tallos medianos y las hojas pequeñas a los tallos pequeños. Asegúrese de que la base de cada tallo quede bien cosido a la tierra.

Tallo corto (haga 4)

Hilera 1: Con un ganchillo de 3,5 mm e hilo A, haga 11 cad. Mantenga el alambre floral encima de las cad.: trabajará a su alrededor para encerrarlo con los p. que teja.

Hilera 2: Introduzca el ganchillo en la 2.ª cad. desde la aguja, e. h. y sáquela por el p., pase el ganchillo por encima del alambre y los p., e. h. y sáquela por las dos laz. de la aguja, encerrando el alambre. Repita hasta el final (10 p.). Tire del alambre para

que quede al inicio de la hilera. Remate la labor dejando un cabo largo.

Tierra

Con un ganchillo de 3,5 mm e hilo B, haga un anillo mágico.

Vuelta 1: 1 cad., 6 p. b. en el anillo.

Vuelta 2: 2 p. b. en cada p. (12 p.).

Vuelta 3: (1 p. b., 2 p. b. en el p. sig.) 6 veces (18 p.).

Vuelta 4: (2 p. b., 2 p. b. en el p. sig.) 6 veces (24 p.).

Vuelta 5: (3 p. b., 2 p. b. en el p. sig.) 6 veces (30 p.).

Cactus corona

Ese cactus tan cuco genera flores de vivos colores,
razón por la cual es una planta de interior muy popular.
Elija un hilo de color llamativo para que su versión
a ganchillo le haga justicia a la planta natural.

TAMAÑO FINAL

El cactus mide unos 7 cm de alto y de
ancho.

TENSIÓN

Para este proyecto, la muestra de
tensión no es necesaria.

NECESITARÁ

- Metropolis de Scheepjes, 75 % lana,
  25 % nailon (200 m por ovillo de 50 g):
  1 ovillo de color 031 Canberra (A)
- Happy Cotton de Sirdar, 100 %
  algodón (43 m por ovillo de 20 g):
  Pequeñas cantidades de los colores
  788 Quack (B) y 753 Freckle (C)
- Merino Soft de Scheepjes, 50 % lana,
  25 % microfibra, 25 % acrílico (105 m
  por ovillo de 50 g):
  1 ovillo de color 607 Braque (D)
- Aguja de ganchillo de 3,5 mm
- Relleno de poliéster
- Aguja de tapicería
- Puntera de un calcetín o una media
- Maceta de unos 7,5 cm de diámetro

Nota

*El cactus se teje en espiral con
la técnica de los amigurumis (véase
la página 128). Las piñas de puntos
medios altos se tejen en los espacios
que hay entre los puntos de la vuelta
anterior. Ponga un marcador de
puntos al inicio de cada vuelta
para poder situarse bien
en el patrón.*

Abreviaturas especiales

Piña de 3 p. m. a.: *E. h., introduzca el ganchillo en el p., e. h. y sáquela por el p., alargue la laz. hasta que alcance la altura de los p. de la hilera; repita desde * 2 veces en el mismo p., tiene 7 laz. en la aguja, e. h. y sáquela por todas las laz. de la aguja. Aumento de 1 piña completado.

2 piñas de 3 p. m. a. en el mismo lugar: Teja 2 piñas de 3 p. m. a. en el mismo p.

2 piñas de 3 p. m. a. jun.: *E. h., introduzca el ganchillo en el p., e. h. y sáquela por el p., alargue la laz. hasta que alcance la altura de los p. de la hilera; repita desde * 2 veces en el mismo p., tiene 7 laz. en la aguja, repita lo mismo en el p. sig., e. h. y sáquela por las 14 laz. de la aguja. Disminución de 1 piña completada.

Cactus

Con un ganchillo de 3,5 mm e hilo A, haga un anillo mágico (véase la página 129).

Vuelta 1: 1 cad., 6 p. b. en el anillo.
Vuelta 2: 2 p. b. en cada p. (12 p.).
Vuelta 3: 1 piña de 3 p. m. a. en cada esp. (12 piñas).
Vuelta 4: (1 piña de 3 p. m. a. en el esp. anterior al p. sig., 2 piñas de 3 p. m. a. en el esp. sig.) 6 veces (18 piñas).
Vuelta 5: 1 piña de 3 p. m. a. en cada esp. (18 piñas).
Vuelta 6: (2 piñas de 3 p. m. a., 2 piñas de 3 p. m. a. en el esp. sig.) 6 veces (24 piñas).
Vueltas 7-10: 1 piña de 3 p. m. a. en cada esp. (24 piñas).
Vuelta 11: (2 piñas de 3 p. m. a., 2 piñas de 3 p. m. a. jun.) 6 veces (18 piñas).
Vuelta 12: 1 piña de 3 p. m. a. en cada esp. (18 piñas).
Vuelta 13: (2 p. b. jun.) 9 veces (9 p.). Remate la labor dejando un cabo suelto.

Flor espinosa (haga 1)

Con un ganchillo de 3,5 mm e hilo B, haga un anillo mágico.

Vuelta 1: 1 cad., 9 p. b. en el anillo, cierre con 1 p. r.
Vuelta 2: Cambie al hilo C, (6 cad., sáltese 1 cad., 1 p. r. en cada una de las cad. restantes, 1 p. r. en el mismo p.), *1 p. r. en el p. sig., 6 cad., sáltese 1 cad., 1 p. r. en cada una de las cad. restantes, 1 p. r. en el mismo p.; repita desde * 7 veces.
Remate la labor, esconda el hilo C y deje un cabo suelto de hilo B.

Tierra

Con un ganchillo de 3,5 mm e hilo D, haga un anillo mágico.

Vuelta 1: 1 cad., 6 p. b. en el anillo.
Vuelta 2: 2 p. b. en cada p. (12 p.).
Vuelta 3: (1 p. b., 2 p. b. en el p. sig.) 6 veces (18 p.).
Vuelta 4: (2 p. b., 2 p. b. en el p. sig.) 6 veces (24 p.).
Vueltas 5-12: Teja 1 p. b. en cada p.
Vuelta 13: (2 p. b., 2 p. b. jun.) 6 veces (18 p.). Introduzca abundante relleno.
Vuelta 14: (1 p. b., 2 p. b. jun.) 6 veces (12 p.).
Vuelta 15: (2 p. b. jun.) 6 veces (6 p.). Con una aguja de tapicería, pase el hilo a través de los últimos p. b. de la vuelta y cíñalo para cerrar el agujero. Remate la labor y esconda los cabos.

Montaje

Corte la puntera de un calcetín o de una media (unos 5 cm). Métalo en el cactus para crear el fondo oscuro que se entrevé por detrás de las piñas. Introduzca abundante relleno de poliéster en el cactus. Con el cabo largo, haga pequeñas puntadas a lo largo de la última vuelta del tejido y tire con suavidad para ceñirlo y cerrar el extremo del cactus. Cosa la flor a un lado. Cosa el cactus encima de la tierra.

Monstera deliciosa

Costilla de Adán

La costilla de Adán es la reina de las plantas de interior. Pueden hacerse enormes, y tanto la versión natural como la de ganchillo requieren un soporte para mantenerse en pie. Esta planta destaca por sus características hojas de color verde brillante en forma de corazón; las más grandes tienen unas hendiduras que hacen que se asemejen a costillas.

TAMAÑO FINAL

La planta en la maceta mide unos 30 cm de altura desde la base del tallo hasta la parte superior de las hojas.

TENSIÓN

Para este proyecto, la muestra de tensión no es necesaria.

NECESITARÁ

- Special DK (ligero) de Stylecraft, 100 % acrílico (295 m por ovillo de 100 g):
  1 ovillo de cada color: 1009 Bottle (A) y 1004 Dark Brown (B)
- Aguja de ganchillo de 4 mm
- Aguja de ganchillo de 3,5 mm
- Relleno de poliéster
- Aguja de tapicería
- Alambre floral de 0,35 mm
- Alambre de jardinería de 1,2 mm
- Tutores para plantas
- Maceta de unos 12 cm de diámetro

Nota

Los tallos se hacen envolviendo tutores para plantas y alambres con la labor de ganchillo. Refuerce las hojas integrándoles alambre floral por el revés. Para confeccionar este proyecto, es muy práctico utilizar un contador de hileras o una libreta para llevar el seguimiento y situarse bien en el patrón.

Hoja pequeña (× 2)

Con un ganchillo de 4 mm e hilo A, 2 cad.

H. 1 (D.): 3 p. b. en la 2.ª cad. desde la aguja, dé la vuelta a la labor (3 p.).

H. 2 (R.): 1 cad., 1 p. b., (1 p. b., 1 cad., 1 p. b.), 1 p. b., vuelta (4 p.).

H. 3 (D.): 1 cad., 2 p. b., (1 p. b., 1 cad., 1 p. b.) en el sig. esp. de cad., 2 p. b., vuelta (6 p.).

H. 4 (R.): 1 cad., 3 p. b., (1 p. b., 1 cad., 1 p. b.) en el sig. esp. de cad., 3 p. b., vuelta (8 p.).

H. 5 (D.): 1 cad., 4 p. b., (1 p. b., 1 cad., 1 p. b.) en el sig. esp. de cad., 4 p. b., vuelta (10 p.).

H. 6 (R.): 1 cad., 5 p. b., (1 p. b., 1 cad., 1 p. b.) en el sig. esp. de cad., 5 p. b., vuelta (12 p.).

H. 7 (D.): 1 cad., 6 p. b., (1 p. b., 1 cad., 1 p. b.) en el sig. esp. de cad., 6 p. b., vuelta (14 p.).

H. 8 (R.): 1 cad., 7 p. b., (1 p. b., 1 cad., 1 p. b.) en el sig. esp. de cad., 7 p. b., vuelta (16 p.).

H. 9 (D.): 1 cad., 8 p. b., (1 p. b., 1 cad., 1 p. b.) en el sig. esp. de cad., 8 p. b., vuelta (18 p.).

H. 10 (R.): 1 cad., 9 p. b., (1 p. b., 1 cad., 1 p. b.) en el sig. esp. de cad., 9 p. b., vuelta (20 p.).

H. 11 (D.): 1 cad., 10 p. b., (1 p. b., 1 cad., 1 p. b.) en el sig. esp. de cad., 10 p. b., vuelta (22 p.).

H. 12 (R.): 1 cad., 11 p. b., (1 p. b., 1 cad., 1 p. b.) en el sig. esp. de cad., 11 p. b., vuelta (24 p.).

H. 13 (D.): 1 cad., 12 p. b., (1 p. b., 1 cad., 1 p. b.) en el sig. esp. de cad., 12 p. b., vuelta (26 p.).

H. 14 (R.): 1 cad., 13 p. b., (1 p. b., 1 cad., 1 p. b.) en el sig. esp. de cad., 13 p. b., vuelta (28 p.).

H. 15 (D.): 1 cad., 14 p. b., (1 p. b., 1 cad., 1 p. b.) en el sig. esp. de cad., 14 p. b., vuelta (30 p.).

H. 16 (R.): 1 cad., sált. el p. de la base, 14 p. b., (1 p. b., 1 cad., 1 p. b.) en el sig. esp. de cad., 13 p. b., sált. 1 p., 1 p. b., vuelta (30 p.).

H. 17 (D.): 1 cad., 15 p. b., (1 p. b., 1 cad., 1 p. b.) en el sig. esp. de cad., 15 p. b., vuelta (32 p.).

H. 18 (R.): 1 cad., sált. el p. de la base, 15 p. b., (1 p. b., 1 cad., 1 p. b.) en el sig. esp. de cad., 14 p. b., sált. 1 p., 1 p. b., vuelta (32 p.).

H. 19 (D.): 1 cad., 16 p. b., (1 p. b., 1 cad., 1 p. b.) en el sig. esp. de cad., 16 p. b., vuelta (34 p.).

H. 20 (R.): 1 cad., sált. el p. de la base, 16 p. b., (1 p. b., 1 cad., 1 p. b.) en el sig. esp. de cad., 15 p. b., sált. 1 p., 1 p. b., vuelta (34 p.).

H. 21 y 22: Repita 2 veces la H. 20 (34 p.). Esto creará un borde recto.

Ahora hará por separado los dos lados de la parte superior de la forma de corazón.

Lado derecho

H. 23 (D.): 1 cad., 16 p. b., vuelta (16 p.).

H. 24 (R.): 1 cad., 16 p. b., vuelta (16 p.).

H. 25 (D.): 1 cad., 2 p. b. en el p. de la base, 13 p. b., sált. 1 p., 1 p. b., vuelta (16 p.).

H. 26 (R.): 1 cad., sált. 1 p., 12 p. b., sált. 2 p., 1 p. b., vuelta (13 p.).

H. 27 (D.): 1 cad., sált. el p. de la base, 10 p. b., sált. 1 p., 1 p. b., vuelta (11 p.).

H. 28 (R.): 1 cad., sált. el p. de la base, 8 p. b., sált. 1 p., 1 p. b., vuelta (9 p.).

H. 29 (D.): 1 cad., sált. 2 p. de la base, 5 p. b., sált. 1 p., 1 p. b., vuelta (6 p.).

H. 30 (R.): 1 cad., sált. el p. de la base, 3 p. b., sált. 1 p., 1 p. b., vuelta (4 p.).

Remate la labor y esconda los cabos.

Lado izquierdo

Con el derecho de la labor hacia usted, sáltese la cad. central de la hoja, haga 1 p. b. e incorpore el hilo en el sig. p. b.

H. 23 (D.): 1 cad., 16 p. b., vuelta (16 p.).

H. 24 (R.): 1 cad., 16 p. b., vuelta (16 p.).

H. 25 (D.): 1 cad., sált. el p. de la base, 14 p. b., 2 p. b. en el último p., vuelta (16 p.).

H. 26 (R.): 1 cad., sált. 2 p., 12 p. b., sált. 1 p., 1 p. b., vuelta (13 p.).

H. 27 (D.): 1 cad., sált. el p. de la base, 10 p. b., sált. 1 p., 1 p. b., vuelta (11 p.).

H. 28 (R.): 1 cad., sált. el p. de la base, 8 p. b., sált. 1 p., 1 p. b., vuelta (9 p.).

H. 29 (D.): 1 cad., sált. 1 p. de la base, 5 p. b., sált. 2 p., 1 p. b., vuelta (6 p.).

H. 30 (R.): 1 cad., sált. el p. de la base, 3 p. b., sált. 1 p., 1 p. b., vuelta (4 p.).

Remate la labor y esconda los cabos.

Hoja mediana (× 1)

Con un ganchillo de 4 mm e hilo A, 2 cad.

H. 1 (D.): 3 p. b. en la 2.ª cad. desde la aguja, dé la vuelta a la labor (3 p.).

H. 2 (R.): 1 cad., 1 p. b., (1 p. b., 1 cad., 1 p. b.), 1 p. b., vuelta (4 p.).

H. 3 (D.): 1 cad., 2 p. b., (1 p. b., 1 cad., 1 p. b.) en el sig. esp. de cad., 2 p. b., vuelta (6 p.).

H. 4 (R.): 1 cad., 3 p. b., (1 p. b., 1 cad., 1 p. b.) en el sig. esp. de cad., 3 p. b., vuelta (8 p.).

H. 5 (D.): 1 cad., 4 p. b., (1 p. b., 1 cad., 1 p. b.) en el sig. esp. de cad., 4 p. b., vuelta (10 p.).

H. 6 (R.): 1 cad., 5 p. b., (1 p. b., 1 cad., 1 p. b.) en el sig. esp. de cad., 5 p. b., vuelta (12 p.).

H. 7 (D.): 1 cad., 6 p. b., (1 p. b., 1 cad., 1 p. b.) en el sig. esp. de cad., 6 p. b., vuelta (14 p.).

H. 8 (R.): 1 cad., 7 p. b., (1 p. b., 1 cad., 1 p. b.) en el sig. esp. de cad., 7 p. b., vuelta (16 p.).

H. 9 (D.): 1 cad., 8 p. b., (1 p. b., 1 cad., 1 p. b.) en el sig. esp. de cad., 8 p. b., vuelta (18 p.).

H. 10 (R.): 1 cad., 9 p. b., (1 p. b., 1 cad., 1 p. b.) en el sig. esp. de cad., 9 p. b., vuelta (20 p.).

H. 11 (D.): 1 cad., 10 p. b., (1 p. b., 1 cad., 1 p. b.) en el sig. esp. de cad., 10 p. b., vuelta (22 p.).

H. 12 (R.): 1 cad., 11 p. b., (1 p. b., 1 cad., 1 p. b.) en el sig. esp. de cad., 11 p. b., vuelta (24 p.).

H. 13 (D.): 1 cad., 12 p. b., (1 p. b., 1 cad., 1 p. b.) en el sig. esp. de cad., 12 p. b., vuelta (26 p.).

H. 14 (R.): 1 cad., 13 p. b., (1 p. b., 1 cad., 1 p. b.) en el sig. esp. de cad., 13 p. b., vuelta (28 p.).

H. 15 (D.): 1 cad., 14 p. b., (1 p. b., 1 cad., 1 p. b.) en el sig. esp. de cad., 14 p. b., vuelta (30 p.).

H. 16 (R.): 1 cad., 15 p. b., (1 p. b., 1 cad., 1 p. b.) en el sig. esp. de cad., 15 p. b., vuelta (32 p.).

H. 17 (D.): 1 cad., 16 p. b., (1 p. b., 1 cad., 1 p. b.) en el sig. esp. de cad., 16 p. b., vuelta (34 p.).

H. 18 (R.): 1 cad., sált. el p. de la base, 3 p. b., 5 cad., sált. 5 p. b., 1 p. b. en el p. sig., 6 p. b.,

(1 p. b., 1 cad., 1 p. b.) en el sig. esp. de cad., 15 p. b., sált. 1 p., 1 p. b., vuelta (34 p.).

H. 19 (D.): 1 cad., 17 p. b., (1 p. b., 1 cad., 1 p. b.) en el sig. esp. de cad., 17 p. b., vuelta (36 p.).

H. 20 (R.): 1 cad., sált. el p. de la base, 17 p. b., (1 p. b., 1 cad., 1 p. b.) en el sig. esp. de cad., 16 p. b., sált. 1 p., 1 p. b., vuelta (36 p.).

H. 21 (D.): 1 cad., 6 p. b., 4 cad., sált. 4 p., 8 p. b. (1 p. b., 1 cad., 1 p. b.) en el sig. esp. de cad., 18 p. b., vuelta (38 p.).

H. 22 (R.): 1 cad., sált. el p. de la base, 18 p. b., (1 p. b., 1 cad., 1 p. b.) en el sig. esp. de cad., 17 p. b., sált. 1 p., 1 p. b., vuelta (38 p.).

H. 23 (D.): 1 cad., 19 p. b., (1 p. b., 1 cad., 1 p. b.) en el sig. esp. de cad., 19 p. b., vuelta (40 p.).

H. 24 (R.): 1 cad., sált. el p. de la base, 19 p. b., (1 p. b., 1 cad., 1 p. b.) en el sig. esp. de cad., 18 p. b., sált. 1 p., 1 p. b., vuelta (40 p.).

H. 25 y 26: Repita 2 veces la H. 24 (40 p.). Esto creará un borde recto.

Ahora hará por separado los dos lados de la parte superior de la forma de corazón.

Lado derecho

H. 27 (D.): 1 cad., 21 p. b., vuelta (21 p.).

H. 28 (R.): 1 cad., 19 p. b., sált. 1 p., 1 p. b., vuelta (20 p.).

H. 29 (D.): 1 cad., sált. el p. de la base, 19 p. b., vuelta (19 p.).

H. 30 (R.): 1 cad., 17 p. b., sált. 1 p., 1 p. b., vuelta (18 p.).

H. 31 (D.): 1 cad., sált. el p. de la base, 17 p. b., vuelta (17 p.).

H. 32 (R.): 1 cad., sált. el p. de la base, 14 p. b., sált. 1 p., 1 p. b., vuelta (15 p.).

H. 33 (D.): 1 cad., sált. el p. de la base, 12 p. b., sált. 1 p., 1 p. b., vuelta (13 p.).

H. 34 (R.): 1 cad., sált. el p. de la base, 10 p. b., sált. 1 p., 1 p. b., vuelta (11 p.).

H. 35 (D.): 1 cad., sált. el p. de la base, 8 p. b., sált. 1 p., 1 p. b., vuelta (9 p.).

H. 36 (R.): 1 cad., sált. el p. de la base, 6 p. b., sált. 1 p., 1 p. b., vuelta (7 p.).

H. 37 (D.): 1 cad., sált. el p. de la base, 4 p. b., sált. 1 p., 1 p. b., vuelta (5 p.). Remate la labor y esconda los cabos.

Lado izquierdo

Con el D. hacia usted, sált. la cad. central de la hoja e incorpore el hilo en el sig. p. b.

H. 27 (D.): 1 cad., 21 p. b., vuelta (21 p.).

H. 28 (R.): 1 cad., sált. el p. de la base, 20 p. b., vuelta (20 p.).

H. 29 (D.): 1 cad., 18 p. b., sált. 1 p., 1 p. b., vuelta (19 p.).

H. 30 (R.): 1 cad., sált. el p. de la base, 18 p. b., vuelta (18 p.).

H. 31 (D.): 1 cad., 16 p. b., sált. 1 p., 1 p. b., vuelta (17 p.).

H. 32 (R.): 1 cad., sált. el p. de la base, 14 p. b., sált. 1 p., 1 p. b., vuelta (15 p.).

H. 33 (D.): 1 cad., sált. el p. de la base, 12 p. b., sált. 1 p., 1 p. b., vuelta (13 p.).

H. 34 (R.): 1 cad., sált. el p. de la base, 10 p. b., sált. 1 p., 1 p. b., vuelta (11 p.).

H. 35 (D.): 1 cad., sált. el p. de la base, 8 p. b., sált. 1 p., 1 p. b., vuelta (9 p.).

H. 36 (R.): 1 cad., sált. el p. de la base, 6 p. b., sált. 1 p., 1 p. b., vuelta (7 p.).

H. 37 (D.): 1 cad., sált. el p. de la base, 4 p. b., sált. 1 p., 1 p. b., vuelta (5 p.). Remate la labor y esconda los cabos.

Hoja grande (× 2)

Con un ganchillo de 4 mm e hilo A, 2 cad.

H. 1 (D.): 3 p. b. en la 2.ª cad. desde la aguja, dé la vuelta a la labor (3 p.).

H. 2 (R.): 1 cad., 1 p. b., (1 p. b., 1 cad., 1 p. b.), 1 p. b., vuelta (4 p.).

H. 3 (D.): 1 cad., 2 p. b., (1 p. b., 1 cad., 1 p. b.) en el sig. esp. de cad., 2 p. b., vuelta (6 p.).

H. 4 (R.): 1 cad., 3 p. b., (1 p. b., 1 cad., 1 p. b.) en el sig. esp. de cad., 3 p. b., vuelta (8 p.).

H. 5 (D.): 1 cad., 4 p. b., (1 p. b., 1 cad., 1 p. b.) en el sig. esp. de cad., 4 p. b., vuelta (10 p.).

H. 6 (R.): 1 cad., 5 p. b., (1 p. b., 1 cad., 1 p. b.) en el sig. esp. de cad., 5 p. b., vuelta (12 p.).

H. 7 (D.): 1 cad., 6 p. b., (1 p. b., 1 cad., 1 p. b.) en el sig. esp. de cad., 6 p. b., vuelta (14 p.).

H. 8 (R.): 1 cad., 7 p. b., (1 p. b., 1 cad., 1 p. b.) en el sig. esp. de cad., 7 p. b., vuelta (16 p.).

H. 9 (D.): 1 cad., 8 p. b., (1 p. b., 1 cad., 1 p. b.) en el sig. esp. de cad., 8 p. b., vuelta (18 p.).

H. 10 (R.): 1 cad., 9 p. b., (1 p. b., 1 cad., 1 p. b.) en el sig. esp. de cad., 9 p. b., vuelta (20 p.).

H. 11 (D.): 1 cad., 10 p. b., (1 p. b., 1 cad., 1 p. b.) en el sig. esp. de cad., 10 p. b., vuelta (22 p.).

H. 12 (R.): 1 cad., 11 p. b., (1 p. b., 1 cad., 1 p. b.) en el sig. esp. de cad., 11 p. b., vuelta (24 p.).

H. 13 (D.): 1 cad., 12 p. b., (1 p. b., 1 cad., 1 p. b.) en el sig. esp. de cad., 12 p. b., vuelta (26 p.).

H. 14 (R.): 1 cad., 13 p. b., (1 p. b., 1 cad., 1 p. b.) en el sig. esp. de cad., 13 p. b., vuelta (28 p.).

H. 15 (D.): 1 cad., 14 p. b., (1 p. b., 1 cad., 1 p. b.) en el sig. esp. de cad., 14 p. b., vuelta (30 p.).

H. 16 (R.): 1 cad., 15 p. b., (1 p. b., 1 cad., 1 p. b.) en el sig. esp. de cad., 15 p. b., vuelta (32 p.).

H. 17 (D.): 1 cad., 16 p. b., (1 p. b., 1 cad., 1 p. b.) en el sig. esp. de cad., 16 p. b., vuelta (34 p.).

H. 18 (R.): 11 cad., sált. 9 p., 8 p. b., (1 p. b., 1 cad., 1 p. b.) en el sig. esp. de cad., 8 p. b., 9 cad., sált. 8 p., 1 p. m. a., vuelta (36 p.).

H. 19 (D.): 1 cad., 9 p. b. en el esp. de cad., 9 p. b., (1 p. b., 1 cad., 1 p. b.) en el sig. esp. de cad., 9 p. b., 9 p. b. en el esp. de cad., vuelta (38 p.).

H. 20 (R.): 1 cad., 19 p. b., (1 p. b., 1 cad., 1 p. b.) en el sig. esp. de cad., 19 p. b., vuelta (40 p.).

H. 21 (D.): 1 cad., 20 p. b., (1 p. b., 1 cad., 1 p. b.) en el sig. esp. de cad., 20 p. b., vuelta (42 p.).

H. 22 (R.): 1 cad., 21 p. b., (1 p. b., 1 cad., 1 p. b.) en el sig. esp. de cad., 21 p. b., vuelta (44 p.).

H. 23 (D.): 1 cad., 22 p. b., (1 p. b., 1 cad., 1 p. b.) en el sig. esp. de cad., 22 p. b., vuelta (46 p.).

H. 24 (R.): 14 cad., sált. 12 p., 11 p. b., (1 p. b., 1 cad., 1 p. b.) en el sig. esp. de cad., 11 p. b., 12 cad., sált. 11 p., 1 p. m. a., vuelta (48 p.).

H. 25 (D.): 1 cad., 12 p. b. en el esp. de cad., 12 p. b., (1 p. b., 1 cad., 1 p. b.) en el sig. esp. de cad., 12 p. b., 12 p. b. en el esp. de cad., vuelta (50 p.).

H. 26 (R.): 1 cad., 25 p. b., (1 p. b., 1 cad., 1 p. b.) en el sig. esp. de cad., 25 p. b., vuelta (52 p.).

H. 27 (D.): 1 cad., 26 p. b., (1 p. b., 1 cad., 1 p. b.) en el sig. esp. de cad., 26 p. b., vuelta (54 p.).

Ahora tejerá un par de hileras cortas para dar forma a la labor.

H. corta 1 (R.): 1 cad., 16 p. b., vuelta.

H. corta 2 (D.): 1 cad., sált. 1 p., 17 p. b., vuelta.

H. 28: 1 cad., 27 p. b., (1 p. b., 1 cad., 1 p. b.) en el sig. esp. de cad., 27 p. b., vuelta (56 p.).

H. corta 1 (D.): 1 cad., 16 p. b., vuelta.

H. corta 2 (R.): 1 cad., sált. 1 p., 17 p. b., vuelta.

Ahora hará por separado los dos lados de la parte superior de la hoja.

Lado derecho

H. 29 (D.): 1 cad., sált. 2 p., 5 p. b., vuelta.

H. 30 (R.): 1 cad., 5 p. b., vuelta.

H. 31 (D.): 1 cad., 5 p. b., vuelta.

H. 32 (R.): 1 cad., 5 p. b., vuelta.

H. 33 (D.): 1 cad., sált. 2 p., 3 p. b., 12 cad., sált. 10 p., 10 p. b., dele la vuelta.

H. 34 (R.): 1 cad., 10 p. b., 10 p. b. en el esp. de cad., 1 p. b., sált. 1 p., 1 p. b., vuelta (22 p.).

H. 35 (D.): 1 cad., sált. 2 p., 20 p. b., vuelta (20 p.).

H. 36 (R.): 1 cad., 20 p. a., vuelta (20 p.).

H. 37 (D.): 1 cad., sált. 2 p., 18 p. b., vuelta (18 p.).

H. 38 (R.): 1 cad., sált. 2 p., 16 p. b., vuelta (16 p.).

H. 39 (D.): 1 cad., sált. 2 p., 11 p. b., sált. 2 p., 1 p. r., vuelta (12 p.).

H. 40 (R.): 1 cad., sált. 2 p., 7 p. b., sált. 2 p., 1 p. r., vuelta (8 p.).

Lado izquierdo

H. 29 (R.): Con el revés de la labor hacia usted, incorpore el hilo a la derecha del borde de la hoja, haga 1 cad., sált. 2 p., 5 p. b., vuelta.

H. 30 (D.): 1 cad., 5 p. b., vuelta.

H. 31 (R.): 1 cad., 5 p. b., vuelta.

H. 32 (D.): 1 cad., 5 p. b., vuelta.

H. 33 (D.): 1 cad., sált. 2 p., 3 p. b., 12 cad., sált. 10 p., 10 p. b., vuelta.

H. 34 (R.): 1 cad., 10 p. b., 10 p. b. en el esp. de cad., 1 p. b., sált. 1 p., 1 p. b., vuelta (22 p.).

H. 35 (D.): 1 cad., sált. 2 p., 20 p. b., vuelta (20 p.).

H. 36 (R.): 1 cad., 20 p. b., vuelta (20 p.).

H. 37 (D.): 1 cad., sált. 2 p., 18 p. b., vuelta (18 p.).

H. 38 (R.): 1 cad., sált. 2 p., 16 p. b., vuelta (16 p.).

H. 39 (D.): 1 cad., sált. 2 p., 11 p. b., sált. 2 p., 1 p. r., vuelta (12 p.).

H. 40 (R.): 1 cad., sált. 2 p., 7 p. b., sált. 2 p., 1 p. r., vuelta (8 p.).

Tallo largo (× 2)

Con un ganchillo de 4 mm e hilo A, 46 cad.

H. 1: 1 p. b. en la 2.ª cad. desde la aguja, 1 p. b. en cada p., dele la vuelta (45 p.).

H. 2-4: 1 cad., 1 p. b. en cada p., vuelta (45 p.).

Remate la labor dejando un cabo de unos 30 cm.

Tallo mediano (× 1)

Con un ganchillo de 4 mm e hilo A, 36 cad.

H. 1: 1 p. b. en la 2.ª cad. desde la aguja, 1 p. b. en cada p., dele la vuelta (35 p.).

H. 2-4: 1 cad., 1 p. b. en cada p., vuelta (35 p.).

Remate la labor dejando un cabo de unos 30 cm.

Tallo corto (× 2)

Corte un trozo de alambre jardinería de 15 cm. Con hilo A y un ganchillo de 4 mm, haga un nudo corredizo. Sujete el alambre con la mano en la que tiene el hilo, ponga el hilo bajo el alambre y el ganchillo encima, e. h. y sáquela por el nudo. Ponga el ganchillo bajo el alambre, e. h. y alárguela. Ponga el ganchillo encima del alambre, e. h. y sáquela por las 2 laz. de la aguja. Repita los pasos hasta recubrir 10 cm del alambre.

Tierra

Con un ganchillo de 3,5 mm e hilo B, haga un anillo mágico (pág. 129).

V. 1: 1 cad., 6 p. b. en el anillo.

V. 2: 2 p. b. en cada p. (12 p.).

V. 3: (1 p. b., 2 p. b. en el p. sig.) 6 veces (18 p.).

V. 4: (2 p. b., 2 p. b. en el p. sig.) 6 veces (24 p.).

V. 5: (3 p. b., 2 p. b. en el p. sig.) 6 veces (30 p.).

V. 6: (4 p. b., 2 p. b. en el p. sig.) 6 veces (36 p.).

V. 7: (5 p. b., 2 p. b. en el p. sig.) 6 veces (42 p.).

V. 8: (6 p. b., 2 p. b. en el p. sig.) 6 veces (48 p.).

V. 9: (7 p. b., 2 p. b. en el p. sig.) 6 veces (54 p.).

V. 10: (8 p. b., 2 p. b. en el p. sig.) 6 veces (60 p.).

V. 11-18: Teja 1 p. b. en cada p.

V. 19: (8 p. b., 2 p. b. jun.) 6 veces (54 p.).

V. 20: (7 p. b., 2 p. b. jun.) 6 veces (48 p.).

V. 21: (6 p. b., 2 p. b. jun.) 6 veces (42 p.).

V. 22: (5 p. b., 2 p. b. jun.) 6 veces (36 p.).

V. 23: (4 p. b., 2 p. b. jun.) 6 veces (30 p.).

V. 24: (3 p. b., 2 p. b. jun.) 6 veces (24 p.).

V. 25: (2 p. b., 2 p. b. jun.) 6 veces (18 p.).

Introduzca abundante relleno.

V. 26: (1 p. b., 2 p. b. jun.) 6 veces (12 p.).

V. 27: (2 p. b. jun.) 6 veces (6 p.).

Con una aguja de tapicería, pase el hilo a través de los últimos p. b. de la vuelta y cíñalo para cerrar el agujero. Remate la labor y esconda los cabos.

Montaje

Por el revés, pase un alambre floral por el centro de cada hoja y otro por el borde exterior. Corte dos alambres de jardinería de 30 cm y un tutor de 20 cm. Introduzca dos tutores enteros y el cortado en la tierra. Clave un alambre de jardinería de 30 cm en el mismo agujero que un tutor entero. Doble un poco el extremo inferior del alambre. Ponga una hoja grande en la punta de este alambre. Retuerza los alambres de la hoja alrededor de la punta del tallo de alambre. En el agujero del mismo tutor, coloque una hoja pequeña con su tallo. Envuelva el tutor y el alambre con el tallo de ganchillo, recubriéndolos por completo. Con el cabo suelto, cosa juntas la primera y la última hilera. Cosa las hojas en su sitio. Repita el proceso para montar la otra hoja grande con la otra hoja pequeña. Coloque la hoja mediana en la punta del tutor de 20 cm. Retuerza los alambres alrededor de la punta del tutor. Envuelva el tutor con el tallo de ganchillo y, con el cabo suelto, cosa juntas la primera y la última hilera para recubrirlos. Cosa las hojas en su sitio. Manipule las hojas para darles un aspecto natural.

Maranta leuconeura var. *leuconeura* 'Fascinator'

Planta de la oración

Las hojas de esta planta son ovaladas y espectacularmente abigarradas: tienen llamativos nervios rojos que recorren el centro y se expanden en forma de espiga. También tienen una peculiaridad inusual: están en posición plana durante el día y, de noche, se pliegan hacia arriba, como si oraran, de ahí su nombre.

TAMAÑO FINAL

La planta en la maceta mide unos 18 cm de altura desde la base de los tallos hasta la parte superior de las hojas.

TENSIÓN

Para este proyecto, la muestra de tensión no es necesaria.

NECESITARÁ

- Hayfield Bonus DK (ligero) de Sirdar, 100 % acrílico (280 m por ovillo de 100 g):
  1 ovillo de cada color: 699 Lemongrass (A), 698 Ladybird (B), 839 Bottle Green (C) y 947 Chocolate (D)
- Aguja de ganchillo de 4 mm
- Aguja de ganchillo de 3,5 mm
- Relleno de poliéster
- Aguja de tapicería
- Alambre floral de 0,35 mm
- Tutores para plantas
- Rotulador permanente verde oscuro
- Maceta de unos 12 cm de diámetro

Nota

Cree los tallos envolviendo tutores para plantas con la labor de ganchillo. Para recrear el color de las hojas, añada sombras de color verde oscuro con un rotulador permanente y, después, haga los nervios rojos con puntos rasos superficiales. Refuerce las hojas integrándoles alambre floral por el revés.

Hoja grande (× 3)

Con un ganchillo de 4 mm e hilo A, 2 cad.

H. 1 (D.): 3 p. b. en la 2.ª cad. desde la aguja, dé la vuelta a la labor (3 p.).

H. 2 (R.): 1 cad., 1 p. b., (1 p. b., 1 cad., 1 p. b.), 1 p. b., dele la vuelta (4 p.).

H. 3 (D.): 1 cad., 2 p. b., (1 p. b., 1 cad., 1 p. b.) en el sig. esp. de cad., 2 p. b., dele la vuelta (6 p.).

H. 4 (R.): 1 cad., 3 p. b., (1 p. b., 1 cad., 1 p. b.) en el sig. esp. de cad., 3 p. b., dele la vuelta (8 p.).

H. 5 (D.): 1 cad., 4 p. b., (1 p. b., 1 cad., 1 p. b.) en el sig. esp. de cad., 4 p. b., dele la vuelta (10 p.).

H. 6 (R.): 1 cad., 5 p. b., (1 p. b., 1 cad., 1 p. b.) en el sig. esp. de cad., 5 p. b., dele la vuelta (12 p.).

H. 7 (D.): 1 cad., 6 p. b., (1 p. b., 1 cad., 1 p. b.) en el sig. esp. de cad., 6 p. b., dele la vuelta (14 p.).

H. 8 (R.): 1 cad., 7 p. b., (1 p. b., 1 cad., 1 p. b.) en el sig. esp. de cad., 7 p. b., dele la vuelta (16 p.).

H. 9 (D.): 1 cad., 8 p. b., (1 p. b., 1 cad., 1 p. b.) en el sig. esp. de cad.,8 p. b., dele la vuelta (18 p.).

H. 10 (R.): 1 cad., 9 p. b., (1 p. b., 1 cad., 1 p. b.) en el sig. esp. de cad., 9 p. b., dele la vuelta (20 p.).

H. 11 (D.): 1 cad., 10 p. b., (1 p. b., 1 cad., 1 p. b.) en el sig. esp. de cad., 10 p. b., dele la vuelta (22 p.).

H. 12 (R.): 1 cad., 11 p. b., (1 p. b., 1 cad., 1 p. b.) en el sig. esp. de cad., 11 p. b., dele la vuelta (24 p.).

H. 13 (D.): 1 cad., sált. el p. de la base de la cad., 11 p. b., (1 p. b., 1 cad., 1 p. b.) en el sig. esp. de cad., 10 p. b., sált. 1 p., 1 p. b., dele la vuelta (24 p.).

H. 14-22: Repita 9 veces la H. 13 (24 p.). Esto creará un borde recto.

H. 23: 1 cad., sált. 2 p., 10 p. b. (1 p. b., 1 cad., 1 p. b.) en el sig. esp. de cad., 9 p. b., sált. 2 p., 1 p. b., dele la vuelta (22 p.).

H. 24: 1 cad., sált. 2 p., 9 p. b. (1 p. b., 1 cad., 1 p. b.) en el sig. esp. de cad., 8 p. b., sált. 2 p., 1 p. b., dele la vuelta (20 p.). Remate la labor dejando un cabo largo.

Guiándose por las fotos, pinte las sombras con el rotulador. Con hilo B, cree los nervios tejiendo p. r. superficiales en el cordoncillo que queda entre las H. 5 y 6, 9 y 10, 13 y 14, 17 y 18, y 21 y 22. Después, haga una línea de p. r. superficiales en el centro de la hoja. Remate la labor y esconda los cabos.

Hoja pequeña (× 6)

Con un ganchillo de 4 mm e hilo A, 2 cad.

H. 1 (D.): 3 p. b. en la 2.ª cad. desde la aguja, dé la vuelta a la labor (3 p.).

H. 2 (R.): 1 cad., 1 p. b., (1 p. b., 1 cad., 1 p. b.), 1 p. b., dele la vuelta (4 p.).

H. 3 (D.): 1 cad., 2 p. b., (1 p. b., 1 cad., 1 p. b.) en el sig. esp. de cad., 2 p. b., dele la vuelta (6 p.).

H. 4 (R.): 1 cad., 3 p. b., (1 p. b., 1 cad., 1 p. b.) en el sig. esp. de cad., 3 p. b., dele la vuelta (8 p.).

H. 5 (D.): 1 cad., 4 p. b., (1 p. b., 1 cad., 1 p. b.) en el sig. esp. de cad., 4 p. b., dele la vuelta (10 p.).

H. 6 (R.): 1 cad., 5 p. b., (1 p. b., 1 cad., 1 p. b.) en el sig. esp. de cad., 5 p. b., dele la vuelta (12 p.).

H. 7 (D.): 1 cad., 6 p. b., (1 p. b., 1 cad., 1 p. b.) en el sig. esp. de cad., 6 p. b., dele la vuelta (14 p.).

H. 8 (R.): 1 cad., 7 p. b., (1 p. b., 1 cad., 1 p. b.) en el sig. esp. de cad., 7 p. b., dele la vuelta (16 p.).

H. 9 (D.): 1 cad., 8 p. b., (1 p. b., 1 cad., 1 p. b.) en el sig. esp. de cad., 8 p. b., dele la vuelta (18 p.).

H. 10 (R.): 1 cad., sált. el p. de la base de la cad., 8 p. b., (1 p. b., 1 cad., 1 p. b.) en el sig. esp. de cad., 7 p. b., sált. 1 p., 1 p. b., dele la vuelta (18 p.).

H. 11-19: Repita 9 veces la H. 10 (18 p.). Esto creará un borde recto.

H. 20 (R.): 1 cad., sált. 2 p., 7 p. b. (1 p. b., 1 cad., 1 p. b.) en el sig. esp. de cad., 6 p. b., sált. 2 p., 1 p. b., dele la vuelta (16 p.).

H. 21 (D.): 1 cad., sált. 2 p., 6 p. b. (1 p. b., 1 cad., 1 p. b.) en el sig. esp. de cad., 5 p. b., sált. 2 p., 1 p. b., dele la vuelta (14 p.).

H. 22 (R.): 1 cad., sált. 2 p., 5 p. b. (1 p. b., 1 cad., 1 p. b.) en el sig. esp. de cad., 4 p. b., sált. 2 p., 1 p. b., dele la vuelta (12 p.). Remate la labor dejando un cabo largo.

Guiándose por las fotos, pinte las sombras con el rotulador. Con hilo B,

cree los nervios tejiendo p. r. superficiales en el cordoncillo que queda
entre las H. 3 y 4, 7 y 8, 11 y 12, y 15 y 16.
Después, haga una línea de p. r. superficiales en el centro de la hoja. Remate
la labor y esconda los cabos.

Tallo (× 3)

Con un ganchillo de 4 mm
e hilo C, haga 21 cad.
H. 1: 1 p. b. en la 2.ª cad.
desde la aguja, dé la
vuelta a la labor (20 p.).
H. 2-4: 1 cad., 1 p. b. en
cada p., dele la vuelta
(20 p.). Remate la labor
dejando un cabo de unos
30 cm.

Tierra

Con un ganchillo de 3,5 mm e hilo D,
haga un anillo mágico (página 129).
V. 1: 1 cad., 6 p. b. en el anillo.
V. 2: 2 p. b. en cada p. (12 p.).
V. 3: (1 p. b., 2 p. b. en el p. sig.) 6 veces
(18 p.).
V. 4: (2 p. b., 2 p. b. en el p. sig.) 6 veces
(24 p.).
V. 5: (3 p. b., 2 p. b. en el p. sig.) 6 veces
(30 p.).
V. 6: (4 p. b., 2 p. b. en el p. sig.) 6 veces
(36 p.).
V. 7: (5 p. b., 2 p. b. en el p. sig.) 6 veces
(42 p.).
V. 8: (6 p. b., 2 p. b. en el p. sig.) 6 veces
(48 p.).
V. 9: (7 p. b., 2 p. b. en el p. sig.) 6 veces
(54 p.).
V. 10: (8 p. b., 2 p. b. en el p. sig.)
6 veces (60 p.).
V. 11-18: Teja 1 p. b. en cada p.
V. 19: (8 p. b., 2 p. b. jun.) 6 veces (54 p.).
V. 20: (7 p. b., 2 p. b. jun.) 6 veces (48 p.).
V. 21: (6 p. b., 2 p. b. jun.) 6 veces (42 p.).
V. 22: (5 p. b., 2 p. b. jun.) 6 veces (36 p.).
V. 23: (4 p. b., 2 p. b. jun.) 6 veces (30 p.).
V. 24: (3 p. b., 2 p. b. jun.) 6 veces (24 p.).
V. 25: (2 p. b., 2 p. b. jun.) 6 veces (18 p.).
Introduzca abundante relleno.
V. 26: (1 p. b., 2 p. b. jun.) 6 veces (12 p.).

V. 27: (2 p. b. jun.)
6 veces (6 p.).
Con una aguja de tapicería,
pase el hilo a través de los
últimos p. b. de la vuelta y cíñalo
para cerrar el agujero. Remate
la labor y esconda los cabos.

Montaje

Para cada hoja, corte un trozo
de alambre floral de unos
20 cm. Por el revés de la labor,
pase un alambre por el centro
de cada hoja. Coloque las
hojas grandes en la parte superior de los tutores. Retuerza
el alambre alrededor de la
punta del tutor. Introduzca los
tutores en la tierra de modo
que queden unos 12 cm por

encima de la superficie. Ponga una hoja pequeña a mitad
de cada tutor y otra en la
base. Retuerza los alambres
de las hojas alrededor de los
tutores. Envuelva cada tutor
con un tallo de ganchillo y, con
el cabo suelto, cosa juntas la
primera y la última hilera para
recubrirlo. Cosa las hojas en
su sitio. Manipúlelas para
darles un aspecto natural.

Euphorbia pulcherrima

Poinsettia

Las glamurosas «flores» rojas de la poinsettia, también llamada flor de Pascua, son en realidad hojas. Originaria de México, tiene fama de ser difícil de mantener con vida y suele vivir poco tiempo, así que una versión de ganchillo será sin duda una alternativa mucho más duradera.

TAMAÑO FINAL

La planta mide unos 20 cm de altura.

NECESITARÁ

◆ Special DK (ligero) de Stylecraft, 100% acrílico (295 m por ovillo de 100 g):
1 ovillo de cada color: 1246 Lipstick (A), 1009 Bottle (B) y 1004 Dark Brown (C)
◆ Happy Cotton de Sirdar, 100% algodón (43 m por ovillo de 20 g):
Una pequeña cantidad de color 788 Quack (D)
◆ Aguja de ganchillo de 4 mm
◆ Relleno de poliéster
◆ Aguja de tapicería
◆ Alambre floral de 0,35 mm
◆ Alambre de jardinería de 1,2 mm
◆ Maceta de unos 12 cm de diámetro

TENSIÓN

Para este proyecto, la muestra de tensión no es necesaria.

Nota

Como los pétalos y las hojas son grandes, tendrá que integrarles alambre floral para reforzarlas y poder manipularlas con el fin de darles un aspecto natural.

Pétalos/hojas grandes (haga 14)

Haga 10 con hilo A, y 4 con hilo B. Con un ganchillo de 4 mm e hilo A, haga 2 cad.

H. 1: 3 p. b. en la 2.ª cad. desde la aguja, dé la vuelta a la labor (3 p.).

H. 2: 1 cad., 2 p. b. en el p. sig., 1 p. b., 2 p. b. en el p. sig., dele la vuelta (5 p.).

H. 3: 1 cad., 1 p. b. en cada p., dele la vuelta (5 p.).

H. 4: 1 cad., 2 p. b. en el p. sig., 3 p. b., 2 p. b. en el p. sig., dele la vuelta (7 p.).

H. 5: 1 cad., 1 p. b. en cada p., dele la vuelta (7 p.).

H. 6: 1 cad., 2 p. b. en el p. sig., 5 p. b., 2 p. b. en el p. sig., dele la vuelta (9 p.).

H. 7: 1 cad., 1 p. b. en cada p., dele la vuelta (9 p.).

H. 8: 1 cad., 2 p. b. en el p. sig., 7 p. b., 2 p. b. en el p. sig., dele la vuelta (11 p.).

H. 9: 1 cad., 1 p. b. en cada p., dele la vuelta (11 p.).

H. 10-19: Teja 1 p. b. en cada p., dele la vuelta (11 p.)

H. 20: 1 cad., 2 p. b. jun., 7 p. b., 2 p. b. jun., dele la vuelta (9 p.).

H. 21: 1 cad., 2 p. b. jun., 5 p. b., 2 p. b. jun. sig., dele la vuelta (7 p.).

H. 22: 1 cad., 2 p. b. jun., 3 p. b., 2 p. b. jun., dele la vuelta (5 p.).

H. 23 (D.): No remate la labor. Trabajando por el borde del pétalo/hoja, tejiendo en ambos lados, haga 1 cad., 22 p. b., 2 cad. en la punta y, en el otro lado del pétalo/hoja, 22 p. b. Remate la labor dejando un cabo largo.

Pétalos pequeños (haga 4)

Con un ganchillo de 4 mm e hilo A, haga 2 cad.

H. 1: 3 p. b. en la 2.ª cad. desde la aguja, dé la vuelta a la labor (3 p.).

H. 2: 1 cad., 1 p. b. en cada p., dele la vuelta (3 p.).

H. 3: 1 cad., 2 p. b. en el p. sig., 1 p. b., 2 p. b. en el p. sig., dele la vuelta (5 p.).

H. 4: 1 cad., 1 p. b. en cada p., dele la vuelta (5 p.).

H. 5: 1 cad., 2 p. b. en el p. sig., 3 p. b., 2 p. b. en el p. sig., dele la vuelta (7 p.).

H. 6-11: Teja 1 p. b. en cada p., dele la vuelta (7 p.)

H. 12: 1 cad., 2 p. b. jun., 3 p. b., 2 p. b. jun., dele la vuelta (5 p.).

H. 13: 1 cad., 2 p. b. jun., 1 p. b., 2 p. b. jun., dele la vuelta (3 p.).

H. 14 (D.): No remate la labor. Trabajando por el borde del pétalo/hoja, tejiendo en ambos lados, haga 1 cad., 13 p. b., 2 cad. en la punta y, en el otro lado del pétalo/hoja, 13 p. b. Remate la labor dejando un cabo largo.

Tallo (haga 2)

Con un ganchillo de 4 mm e hilo B, haga 27 cad.

H. 1: 1 p. b. en la 2.ª cad. desde la aguja, 1 p. b. en cada cad. hasta el final, dé la vuelta a la labor (26 p.).

H. 2: 1 cad., 1 p. b. en cada p., dele la vuelta (26 p.).

Remate la labor dejando un cabo de unos 30 cm.

Tierra

Con un ganchillo de 3,5 mm e hilo C, haga un anillo mágico (página 129).

V. 1: 1 cad., 6 p. b. en el anillo.

V. 2: 2 p. b. en cada p. (12 p.).

V. 3: (1 p. b., 2 p. b. en el p. sig.) 6 veces (18 p.).

V. 4: (2 p. b., 2 p. b. en el p. sig.) 6 veces (24 p.).

V. 5: (3 p. b., 2 p. b. en el p. sig.) 6 veces (30 p.).

V. 6: (4 p. b., 2 p. b. en el p. sig.) 6 veces (36 p.).

V. 7: (5 p. b., 2 p. b. en el p. sig.) 6 veces (42 p.).

V. 8: (6 p. b., 2 p. b. en el p. sig.)
6 veces (48 p.).

V. 9: (7 p. b., 2 p. b. en el p. sig.)
6 veces (54 p.).

V. 10: (8 p. b., 2 p. b. en el p. sig.)
6 veces (60 p.).

V. 11-18: Teja 1 p. b. en cada p.

V. 19: (8 p. b., 2 p. b. jun.) 6 veces (54 p.).

V. 20: (7 p. b., 2 p. b. jun.) 6 veces (48 p.).

V. 21: (6 p. b., 2 p. b. jun.) 6 veces (42 p.).

V. 22: (5 p. b., 2 p. b. jun.) 6 veces (36 p.).

V. 23: (4 p. b., 2 p. b. jun.) 6 veces (30 p.).

V. 24: (3 p. b., 2 p. b. jun.) 6 veces (24 p.).

V. 25: (2 p. b., 2 p. b. jun.) 6 veces (18 p.).

Introduzca abundante relleno de
poliéster.

V. 26: (1 p. b., 2 p. b. jun.) 6 veces (12 p.).

V. 27: (2 p. b. jun.) 6 veces (6 p.).

Con una aguja de tapicería, pase el
hilo a través de los últimos p. b. de la
vuelta y cíñalo para cerrar el agujero.
Remate la labor y esconda los cabos.

Montaje

En cada pétalo y hoja, utilice
el cabo suelto y una aguja
de tapicería para hacer
pequeñas puntadas y juntar
el extremo. Corte 18 trozos
de alambre floral de unos
20 cm. Por el revés de la
labor, pase un alambre por
el centro de cada pétalo
y hoja. Para montar cada
flor, disponga cinco pétalos
grandes en forma de estrella.
Después, coloque dos
pétalos pequeños encima de
los grandes intercalándolos.

Junte los alambres de cada
pétalo por debajo de la flor.
Con los cabos sueltos, cosa
juntos los pétalos.

Con hilo D, haga cinco nudos
franceses (*véase la página 134*)
en el centro de la flor.

Corte dos trozos de alambre
de jardinería de unos 25 cm.
Retuerza los alambres de los
pétalos de una flor alrededor
de la punta de un tallo de
alambre. Coloque dos hojas
verdes, en posición opuesta,
a unos 7 cm de la punta del

tallo. Retuerza los alambres
de las hojas alrededor del tallo
de alambre. Envuelva cada
tallo de alambre con un tallo
de ganchillo y, con el cabo
suelto, cosa juntas la primera y
la última hilera para recubrirlo
por completo. Cosa las hojas
para fijarlas en su sitio. Monte
el otro tallo del mismo modo.

Clave el extremo del alambre
de cada tallo en la tierra y
dóblelo para fijarlo. Manipule
los pétalos y las hojas para
darles un aspecto natural.

Rosario de corazones

Esta encantadora planta de interior tiene hojitas en forma
de corazón que crecen en pares a lo largo de tallos rastreros.
He recreado el aspecto bicolor haciendo uno de los corazones
de cada par de color verde y el otro de color lila.

TAMAÑO FINAL

Los tallos más largos miden unos 20 cm.

NECESITARÁ

◆ Sugar Rush de Scheepjes, 100 %
algodón (280 m por ovillo de 50 g):
1 ovillo de cada color: 513 Spring
Green (A) y 240 Amethyst (B)
◆ Merino Soft de Scheepjes, 50 % lana,
25 % microfibra, 25 % acrílico (105 m
por ovillo de 50 g):
1 ovillo de color 607 Braque (C)
◆ Aguja de ganchillo de 2 mm
◆ Aguja de ganchillo de 3,5 mm
◆ Relleno de poliéster
◆ Aguja de tapicería
◆ Maceta de unos 6 cm de diámetro

TENSIÓN

Para este proyecto, la muestra de
tensión no es necesaria.

Nota

*Las dos caras de las hojas
son de colores diferentes.
También puede utilizar hilos
bicolores para crear este efecto
de manera natural.*

Hoja (haga 21 en A, y 34 en B)

Con un ganchillo de 2 mm, haga un anillo mágico (*véase* la página 129).

Hilera 1: (3 cad., 3 p. a. d., 3 p. a., 1 cad., 1 p. a. d., 1 cad., 3 p. a., 3 p. a. d., 2 cad.) en el anillo, 1 p. r. en el anillo para cerrar la hilera. Remate la labor dejando un cabo suelto.

Tallo corto (haga 2)

Con un ganchillo de 2 mm y los hilos A y B, haga 20 cad. Remate la labor dejando un cabo suelto.

Tallo mediano (haga 3)

Con un ganchillo de 2 mm y los hilos A y B, haga 30 cad. Remate la labor dejando un cabo suelto.

Tallo largo (haga 2)

Con un ganchillo de 2 mm y los hilos A y B, haga 40 cad. Remate la labor dejando un cabo suelto.

Tierra

Con un ganchillo de 3,5 mm e hilo C, haga un anillo mágico.

Vuelta 1: 1 cad., 6 p. b. en el anillo.
Vuelta 2: 2 p. b. en cada p. (12 p.).
Vuelta 3: (1 p. b., 2 p. b. en el p. sig.) 6 veces (18 p.).

Vuelta 4: (2 p. b., 2 p. b. en el p. sig.) 6 veces (24 p.).
Vueltas 5-12: Teja 1 p. b. en cada p.
Vuelta 13: (2 p. b., 2 p. b. jun.) 6 veces (18 p.).
Introduzca abundante relleno de poliéster.
Vuelta 14: (1 p. b., 2 p. b. jun.) 6 veces (12 p.).
Vuelta 15: (2 p. b. jun.) 6 veces (6 p.).
Con una aguja de tapicería, pase el hilo a través de los últimos p. b. de la vuelta y cíñalo para cerrar el agujero. Remate la labor y esconda los cabos.

Montaje

Con los cabos sueltos, cosa los extremos de los tallos al centro de la tierra. Cosa una hoja de color B en la punta de cada tallo. Después, cada 10 cad., cosa un par de hojas en el mismo sitio, una de color A y una de color B. Los tallos largos tendrán nueve hojas; los medianos, siete, y los pequeños, cinco. Cosa las hojas restantes de color B directamente en la tierra.

Nephrolepis exaltata

Helecho espada

El apreciado helecho espada es una elegante planta de interior. Para crear sus gráciles y arqueadas frondas de apariencia ondulada lo mejor es utilizar un hilo de tweed o un hilo ligeramente jaspeado.

TAMAÑO FINAL

La planta en la maceta mide unos 15 cm de alto y 20 cm de ancho.

TENSIÓN

Para este proyecto, la muestra de tensión no es necesaria.

NECESITARÁ

- 2ply Jumper Weight de Jamieson & Smith, 100% lana (115 m por ovillo de 25 g):
  1 ovillo de color FC11MIX Green (A)
- Merino Soft de Scheepjes, 50% lana, 25% microfibra, 25% acrílico (105 m por ovillo de 50 g):
  1 ovillo de color 607 Braque (B)
- Aguja de ganchillo de 3 mm
- Aguja de ganchillo de 3,5 mm
- Relleno de poliéster
- Aguja de tapicería
- Alambre floral
- Maceta de unos 12 cm de diámetro

Nota

Las hojas se trabajan en hileras. Refuercélas integrando un alambre en la vuelta 2 (véase la página 133). Primero trabajará un lado de la hoja y luego el otro.

Hoja pequeña (haga 10)

H. 1: Con un ganchillo de 3 mm e hilo A, haga 17 cad.

Mantenga el alambre floral encima de las cad.: trabajará a su alrededor para encerrarlo con los p. que teja.

H. 2: Introduzca el ganchillo en la 2.ª cad. desde la aguja, e. h. y sáquela por el p., pase el ganchillo por encima del alambre y los p., e. h. y sáquela por las dos laz. de la aguja, encerrando el alambre. Repita hasta el final, ponga un marcador de puntos y dé la vuelta a la labor (16 p.). Tire del alambre para que quede al inicio de la H.

H. 3 (1.ᵉʳ lado): 1 cad., 3 p. r., (1 p. r., 4 cad., 1 p. r. en la 2.ª cad., 2 p. r. en la cad., 1 p. r. en la cad. base) 2 veces, (1 p. r., 5 cad., 1 p. r. en la 2.ª cad., 3 p. r. en la cad., 1 p. r. en la cad. base) 3 veces, (1 p. r., 6 cad., 1 p. r. en la 2.ª cad., 4 p. r. en la cad., 1 p. r. en la cad. base) 3 veces, (1 p. r., 7 cad., 1 p. r. en la 2.ª cad., 5 p. r. en la cad., 1 p. r. en la cad. base) 3 veces (11 frondas).

Ahora trabaje por el otro lado de la cad. base: sáltese los últimos 2 p. de la cad. base y teja en el lado opuesto del último punto trabajado.

H. 3 (2.º lado): (1 p. r., 7 cad., 1 p. r. en la 2.ª cad., 5 p. r. en la cad., 1 p. r. en la cad. base) 3 veces, (1 p. r., 6 cad., 1 p. r. en la 2.ª cad., 4 p. r. en la cad., 1 p. r. en la cad. base) 3 veces, (1 p. r., 5 cad., 1 p. r. en la 2.ª cad., 3 p. r. en la cad., 1 p. r. en la cad. base) 3 veces, (1 p. r., 4 cad., 1 p. r. en la 2.ª cad., 2 p. r. en la cad., 1 p. r. en la cad. base) 2 veces (22 frondas en total).

Remate la labor y esconda los cabos.

Hoja grande (haga 3)

H. 1: Con un ganchillo de 3 mm e hilo A, haga 24 cad.

Sostenga el alambre floral por encima de las cad. y teja a su alrededor para encerrarlo con los p.

H. 2: Introduzca el ganchillo en la 2.ª cad. desde la aguja, e. h. y sáquela por el p., pase el ganchillo por encima del alambre y los p., e. h. y sáquela por las dos laz. de la aguja, encerrando el alambre. Repita hasta el final, ponga un marcador de puntos y dé la vuelta a la labor (23 p.). Tire del alambre para que quede al inicio de la H.

H. 3 (1.ᵉʳ lado): 1 cad., 3 p. r., (1 p. r., 4 cad., 1 p. r. en la 2.ª cad., 2 p. r. en la cad., 1 p. r. en la cad. base) 2 veces, (1 p. r., 5 cad., 1 p. r. en la 2.ª cad., 3 p. r. en la cad., 1 p. r. en la cad. base) 3 veces, (1 p. r., 6 cad., 1 p. r. en la 2.ª cad., 4 p. r. en la cad., 1 p. r. en la cad. base) 3 veces, (1 p. r., 7 cad., 1 p. r. en la 2.ª cad., 5 p. r. en la cad., 1 p. r. en la cad. base) 3 veces, (1 p. r., 8 cad., 1 p. r. en la 2.ª cad., 6 p. r. en la cad., 1 p. r. en la cad. base) 3 veces, (1 p. r., 9 cad., 1 p. r. en la 2.ª cad., 7 p. r. en la cad., 1 p. r. en la cad. base) 4 veces (18 frondas).

Ahora trabaje por el otro lado de la cad. base: sáltese los últimos 2 p. de la cad. base y teja en el lado opuesto del último punto trabajado.

H. 3 (2.º lado): (1 p. r., 9 cad., 1 p. r. en la 2.ª cad., 7 p. r. en la cad., 1 p. r. en la cad. base) 4 veces, (1 p. r., 8 cad., 1 p. r. en la 2.ª cad., 6 p. r. en la cad., 1 p. r. en la cad. base) 3 veces, (1 p. r., 7 cad., 1 p. r. en la 2.ª cad., 5 p. r. en la cad., 1 p. r. en la cad. base) 3 veces, (1 p. r., 6 cad., 1 p. r. en la 2.ª cad., 4 p. r. en la cad., 1 p. r. en la cad. base) 3 veces, (1 p. r., 5 cad., 1 p. r. en la 2.ª cad., 3 p. r. en la cad., 1 p. r. en la cad. base)

3 veces, (1 p. r., 4 cad., 1 p. r. en la 2.ª cad., 2 p. r. en la cad., 1 p. r. en la cad. base) 2 veces (36 frondas en total). Remate la labor y esconda los cabos.

Tierra

Con un ganchillo de 3,5 mm e hilo B, haga un anillo mágico (*véase la página 129*).

V. 1: 1 cad., 6 p. b. en el anillo.

V. 2: 2 p. b. en cada p. (12 p.).

V. 3: (1 p. b., 2 p. b. en el p. sig.) 6 veces (18 p.).

V. 4: (2 p. b., 2 p. b. en el p. sig.) 6 veces (24 p.).

V. 5: (3 p. b., 2 p. b. en el p. sig.) 6 veces (30 p.).

V. 6: (4 p. b., 2 p. b. en el p. sig.) 6 veces (36 p.).

V. 7: (5 p. b., 2 p. b. en el p. sig.) 6 veces (42 p.).

V. 8: (6 p. b., 2 p. b. en el p. sig.) 6 veces (48 p.).

V. 9: (7 p. b., 2 p. b. en el p. sig.) 6 veces (54 p.).

V. 10: (8 p. b., 2 p. b. en el p. sig.) 6 veces (60 p.).

V. 11-18: Teja 1 p. b. en cada p.

V.19: (8 p. b., 2 p. b. jun.) 6 veces (54 p.).

V. 20: (7 p. b., 2 p. b. jun.) 6 veces (48 p.).

V. 21: (6 p. b., 2 p. b. jun.) 6 veces (42 p.).

V. 22: (5 p. b., 2 p. b. jun.) 6 veces (36 p.).

V. 23: (4 p. b., 2 p. b. jun.) 6 veces (30 p.).

V. 24: (3 p. b., 2 p. b. jun.) 6 veces (24 p.).

V. 25: (2 p. b., 2 p. b. jun.) 6 veces (18 p.). Introduzca abundante relleno.

V. 26: (1 p. b., 2 p. b. jun.) 6 veces (12 p.).

V. 27: (2 p. b. jun.) 6 veces (6 p.).

Con una aguja de tapicería, pase el hilo a través de los últimos p. b. de la vuelta y cíñalo para cerrar el agujero. Remate la labor y esconda los cabos.

Montaje

Coloque las tres hojas grandes en el centro de la tierra y luego ponga las pequeñas alrededor. Clave el alambre de cada hoja en la tierra y, después, utilice los largos cabos de hilo A para coser la base de cada una a la parte superior de la tierra. Curve un poco las hojas para darles un aspecto natural.

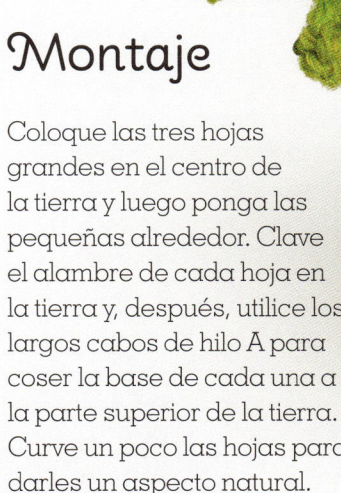

Dionaea muscipula

~~~~~~~~~~~~~~~~~~

Venus atrapamoscas

Esta especie es extraordinaria. Se trata de un curioso ejemplo de planta carnívora: atrapa insectos y arácnidos para luego ingerirlos lentamente. Esta versión de ganchillo es menos letal, pero sigue siendo igual de fascinante.

TAMAÑO FINAL

La planta mide unos 9 cm de altura.

NECESITARÁ

- Metropolis de Scheepjes, 75 % lana, 25 % nailon (200 m por ovillo de 50 g): 1 ovillo de cada color: 032 Abu Dhabi (A) y 042 Lagos (B)
- Merino Soft de Scheepjes, 50 % lana, 25 % microfibra, 25 % acrílico (105 m por ovillo de 50 g): 1 ovillo de color 607 Braque (C)
- Aguja de ganchillo de 3,5 mm
- Relleno de poliéster
- Aguja de tapicería
- Alambre floral
- Maceta de unos 10 cm de diámetro

TENSIÓN

Para este proyecto, la muestra de tensión no es necesaria.

Nota

La planta se teje en espiral con la técnica de los amigurumis (véase la página 128). Ponga un marcador de puntos al inicio de cada vuelta para poder situarse bien en el patrón.

Interior de la hoja pequeña (haga 3)

Con un ganchillo de 3,5 mm e hilo B, haga un anillo mágico (*véase la página 129*).

Vuelta 1: 1 cad., 7 p. b. en el anillo.
Vuelta 2: 2 p. b. en cada p. (14 p.).
Vuelta 3: (1 p. b., 2 p. b. en el p. sig.) 7 veces (21 p.).
Vuelta 4: Teja 1 p. b. en cada p. Remate la labor dejando un cabo largo.

Exterior de la hoja pequeña (haga 3)

Con un ganchillo de 3,5 mm e hilo A, haga un anillo mágico.

Vuelta 1: 1 cad., 7 p. b. en el anillo.
Vuelta 2: 2 p. b. en cada p. (14 p.).
Vuelta 3: (1 p. b., 2 p. b. en el p. sig.) 7 veces (21 p.).
Vuelta 4: Teja 1 p. b. en cada p.
Vuelta 5: No remate la labor. Junte el interior y el exterior revés contra revés y únalos tejiendo p. r. en las lazadas traseras de los p.
Vuelta 6: *4 cad., 1 p. r. en la 2.ª cad. desde la aguja, 1 p. r. en cada una de las sig. 2 cad., 1 p. r. en el p. de la base de la cad., 2 p. r.; repita desde * 10 veces. Remate la labor y esconda los cabos.

Interior de la hoja grande (haga 5)

Con un ganchillo de 3,5 mm e hilo B, haga un anillo mágico.

Vuelta 1: 1 cad., 7 p. b. en el anillo.
Vuelta 2: 2 p. b. en cada p. (14 p.).
Vuelta 3: (1 p. b., 2 p. b. en el p. sig.) 7 veces (21 p.).
Vuelta 4: (2 p. b., 2 p. b. en el p. sig.) 7 veces (28 p.).
Vuelta 5: Teja 1 p. b. en cada p. Remate la labor dejando un cabo largo.

Exterior de la hoja grande (haga 5)

Con un ganchillo de 3,5 mm e hilo A, haga un anillo mágico.

Vuelta 1: 1 cad., 7 p. b. en el anillo.
Vuelta 2: 2 p. b. en cada p. (14 p.).
Vuelta 3: (1 p. b., 2 p. b. en el p. sig.) 7 veces (21 p.).
Vuelta 4: (2 p. b., 2 p. b. en el p. sig.) 7 veces (28 p.).
Vuelta 5: Teja 1 p. b. en cada p.
Vuelta 6: No remate la labor. Junte el interior y el exterior revés contra revés y únalos tejiendo p. r. en las lazadas traseras de cada p.
Vuelta 7: *4 cad., 1 p. r. en la 2.ª cad. desde la aguja, 1 p. r. en cada una de las sig. 2 cad., 1 p. r. en el p. de la base de la cad., 2 p. r.; repita desde * 13 veces. Remate la labor y esconda los cabos.

Tallo largo (haga 5)

Hilera 1: Con un ganchillo de 3,5 mm e hilo A, haga 15 cad.
Mantenga el alambre floral encima de las cad.: trabajará a su alrededor

para encerrarlo con los p. que teja (*véase la página 133*).

Hilera 2: Introduzca el ganchillo en la 2.ª cad. desde la aguja, e. h. y sáquela por el p., pase el ganchillo por encima del alambre y los p., e. h. y sáquela por las dos laz. de la aguja, encerrando el alambre. Repita hasta el final (14 p.). Tire del alambre para que quede al inicio de la hilera. Remate la labor dejando un cabo largo.

Tallo corto (haga 3)

Hilera 1: Con un ganchillo de 3,5 mm e hilo A, haga 11 cad. Mantenga el alambre floral encima de las cad.: trabajará a su alrededor para encerrarlo con los p. que teja.

Hilera 2: Introduzca el ganchillo en la 2.ª cad. desde la aguja, e. h. y sáquela por el p., pase el ganchillo por encima del alambre y los p., e. h. y sáquela por las dos laz. de la aguja, encerrando el alambre. Repita hasta el final (10 p.). Tire del alambre para que quede al inicio de la hilera. Remate la labor dejando un cabo largo.

Tierra

Con un ganchillo de 3,5 mm e hilo C, haga un anillo mágico.

Vuelta 1: 1 cad., 6 p. b. en el anillo.

Vuelta 2: 2 p. b. en cada p. (12 p.).

Vuelta 3: (1 p. b., 2 p. b. en el p. sig.) 6 veces (18 p.).

Vuelta 4: (2 p. b., 2 p. b. en el p. sig.) 6 veces (24 p.).

Vuelta 5: (3 p. b., 2 p. b. en el p. sig.) 6 veces (30 p.).

Vuelta 6: (4 p. b., 2 p. b. en el p. sig.) 6 veces (36 p.).

Vuelta 7: (5 p. b., 2 p. b. en el p. sig.) 6 veces (42 p.).

Vuelta 8: (6 p. b., 2 p. b. en el p. sig.) 6 veces (48 p.).

Vueltas 9-16: Teja 1 p. b. en cada p.

Vuelta 17: (6 p. b., 2 p. b. jun.) 6 veces (42 p.).

Vuelta 18: (5 p. b., 2 p. b. jun.) 6 veces (36 p.).

Vuelta 19: (4 p. b., 2 p. b. jun.) 6 veces (30 p.).

Vuelta 20: (3 p. b., 2 p. b. jun.) 6 veces (24 p.).

Vuelta 21: (2 p. b., 2 p. b. jun.) 6 veces (18 p.).

Introduzca abundante relleno de poliéster.

Vuelta 22: (1 p. b., 2 p. b. jun.) 6 veces (12 p.).

Vuelta 23: (2 p. b. jun.) 6 veces (6 p.). Con una aguja de tapicería, pase el hilo a través de los últimos p. b. de la vuelta y cíñalo para cerrar el agujero. Remate la labor y esconda los cabos.

Montaje

Doble cada hoja por la mitad y hágale unas puntadas en los extremos para que quede ligeramente cerrada. Después, cosa 1 hoja grande en la punta de un tallo grande. Clave el alambre floral en el centro de la tierra y dóblelo. Utilice el cabo suelto del tallo para coserlo a la parte superior de la tierra. Repita el proceso para coser las hojas grandes restantes a los tallos grandes y las hojas pequeñas a los tallos pequeños. Asegúrese de que cose bien la base de cada tallo a la tierra.

~~~~~~~~~~~~~~~~~~~~~~~~~~~~~~~~

Orquídea mariposa

Esta magnífica planta de interior está en muchos hogares, pero puede ser complicado lograr que conserve las flores. Si hace esta versión de ganchillo, obtendrá un espécimen sempiterno y nunca tendrá que ver cómo pierde sus bonitas flores.

TAMAÑO FINAL

La planta mide unos 27 cm de altura.

NECESITARÁ

- Country Classic 4ply de Sirdar, 50% lana, 50% acrílico (200 m por ovillo de 50 g):
  1 ovillo de cada color: 967 Forest Green (A) y 954 Chocolate Brown (B)
- Snuggly 100% Cotton DK (ligero) de Sirdar, 100% algodón (106 m por ovillo de 50 g):
  1 ovillo de color 762 White (C)
- Happy Cotton de Sirdar, 100% algodón (43 m por ovillo de 20 g):
  1 ovillo de cada color: 788 Quack (D), 755 Jammy (E) y 778 Sherbet (F)
- Haworth Tweed DK (ligero) de Sirdar, 50% nailon, 50% lana (165 m por ovillo de 50 g):
  Una pequeña cantidad de color 910 Harewood Chestnut (G)
- Aguja de ganchillo de 3 mm
- Aguja de ganchillo de 3,5 mm

- Relleno de poliéster
- Aguja de tapicería
- Alambre floral de 0,35 mm
- Alambre de jardinería de 1,2 mm
- Tutor para plantas
- Pinzas para orquídea
- Maceta de unos 10 cm de diámetro

TENSIÓN

Para este proyecto, la muestra de tensión no es necesaria.

Nota

El proyecto se teje en espiral con la técnica de los amigurumis (véase la página 128). Ponga un marcador de puntos al inicio de cada vuelta para poder situarse bien en el patrón.

Hoja (haga 3)

Con un ganchillo de 3 mm e hilo A, haga un anillo mágico (página 129).

V. 1: 1 cad., 6 p. b. en el anillo.

V. 2: 2 p. b. en cada p. (12 p.).

V. 3: (1 p. b., 2 p. b. en el p. sig.) 6 veces (18 p.).

V. 4: (2 p. b., 2 p. b. en el p. sig.) 6 veces (24 p.).

V. 5: (3 p. b., 2 p. b. en el p. sig.) 6 veces (30 p.).

V. 6-15: Teja 1 p. b. en cada p.

V. 16: (4 p. b., 2 p. b. jun.) 5 veces (25 p.).

V. 17-26: Teja 1 p. b. en cada p.

V. 27: (3 p. b., 2 p. b. jun.) 5 veces (20 p.).

V. 28-32: Teja 1 p. b. en cada p.

V. 33: (2 p. b., 2 p. b. jun.) 5 veces (15 p.).

Remate la labor dejando un cabo largo.

Pétalo triple externo (haga 3)

Estos tres pétalos quedan detrás. Se empieza tejiendo en redondo y luego cada pétalo se trabaja en hileras. Con un ganchillo de 3,5 mm e hilo C, haga un anillo mágico.

V. 1: 1 cad., 6 p. b. en el anillo, cierre con 1 p. r.

Pétalo

H. 1 (D.): 1 cad., 3 p. b. en el p. sig., 2 p. b. en el p. sig., dele la vuelta (5 p.).

H. 2 (R.): 1 cad., 1 p. b., 2 p. b. en cada uno de los 3 p. sig., 1 p. b., vuelta (8 p.).

H. 3 (D.): 3 cad., 1 p. a. en cada p., vuelta (8 p. b.).

H. 4 (R.): 3 cad., sáltese el p. de la base, 7 p. a. d. sin acabarlos (deje la última laz. en la aguja; tendrá 8 laz.), e. h. y sáquela por todas las laz., 2 cad., 1 p. r. en la 1.ª cad., 3 cad., 1 p. r. en las 3 cad. de la cad. de vuelta de la hilera 3. Remate el hilo.

Pétalo doble (haga 3)

Estos dos pétalos quedan entremedias. Se empieza tejiendo en redondo y luego cada pétalo se trabaja en hileras. Con un ganchillo de 3,5 mm e hilo C, haga un anillo mágico.

V. 1: 1 cad., 6 p. b. en el anillo, cierre con 1 p. r.

V. 2: *2 cad., sáltese 1 p. b., 1 p. b. en el p. sig.; repita desde * 2 veces.

Pétalo

H. 1 (D.): 1 p. r. en el sig. esp. de cad., 1 cad., 4 p. b., dele la vuelta (4 p.).

H. 2 (R.): 1 cad., 2 p. b. en cada uno de los sig. 4 p. b., vuelta (8 p.).

H. 3 (D.): 1 cad., 1 p. b. en cada p., vuelta (8 p.).

H. 4 (R.): 3 cad., sáltese el p. de la base de la cad., 2 p. a. d. en el p. sig., 4 p. m. a., 2 p. a. d., 1 p. a. d. en el último p. Remate el hilo.

H. 5 (D.): Ahora trabaje por el borde del pétalo: incorpore el hilo en el p. b. anterior al esp. de cad. de la vuelta 2, haga 1 p. b. en el borde de las hileras 1-3, 2 cad., 1 p. r. encima de cada p. de la hilera 4, 2 cad. y teja 3 p. b. en el borde de las hileras 1-3. Remate la labor y esconda los cabos. Incorpore el hilo con 1 p. r. en el sig. esp. de cad. de la vuelta 2. Repita el

Dé la vuelta a la labor para que quede del derecho e incorpore el hilo con 1 p. r. en el sig. p. b. de la vuelta 1. Repita el patrón del pétalo 2 veces. Remate la labor y esconda los cabos.

patrón del punto. Remate la labor y esconda los cabos.

Pétalos internos (haga 3)

Con un ganchillo de 3 mm e hilo D, haga un anillo mágico.

V. 1: 1 cad., 6 p. b. en el anillo, cierre con 1 p. r. Remate el hilo D dejando un cabo largo.

V. 2: Incorpore el hilo E con 1 p. r., *3 cad., 3 p. a. en el p. sig., 2 cad., sáltese 1 cad., 1 p. r. en la cad. sig., 3 cad., 1 p. r. en el sig. p. de la vuelta 1; repita desde * 2 veces. Remate la labor y esconda los cabos de hilo E.

Capullo (haga 2)

Con un ganchillo de 3 mm e hilo F, haga un anillo mágico.

V. 1: 3 cad., 7 p. a. d. en el anillo. Remate la labor dejando un cabo largo. Con una aguja de tapicería, pase el hilo por el extremo de los puntos y cíñalo para formar el capullo.

Tallo

Ahora tejerá cad. alrededor del alambre de jardinería con hilo A y un ganchillo de 3 mm (página 133). Haga un nudo corredizo. Sujete el alambre con la mano en la que tiene el hilo, ponga el hilo debajo del alambre y el ganchillo encima, e. h. y sáquela por el nudo. Ponga el ganchillo debajo del alambre, e. h. y alárguela. Ponga el ganchillo encima del alambre, e. h. y sáquela por las dos laz. de la aguja. Repita estos pasos hasta recubrir el trozo de alambre que quiera para su planta.

Raíces (haga 3)

Con un ganchillo de 3,5 mm e hilo G, haga 20 cad. Remate la labor dejando un cabo largo. Esconda el cabo del otro extremo.

Tierra

Con un ganchillo de 3 mm e hilo B, haga un anillo mágico.

V. 1: 1 cad., 6 p. b. en el anillo.

V. 2: 2 p. b. en cada p. (12 p.).

V. 3: (1 p. b., 2 p. b. en el p. sig.) 6 veces (18 p.).

V. 4: (2 p. b., 2 p. b. en el p. sig.) 6 veces (24 p.).

V. 5: (3 p. b., 2 p. b. en el p. sig.) 6 veces (30 p.).

V. 6: (4 p. b., 2 p. b. en el p. sig.) 6 veces (36 p.).

V. 7: (5 p. b., 2 p. b. en el p. sig.) 6 veces (42 p.).

V. 8: (6 p. b., 2 p. b. en el p. sig.) 6 veces (48 p.).

V. 9: (7 p. b., 2 p. b. en el p. sig.) 6 veces (54 p.).

V. 10: (8 p. b., 2 p. b. en el p. sig.) 6 veces (60 p.).

V. 11-18: Teja 1 p. b. en cada p.

V. 19: (8 p. b., 2 p. b. jun.) 6 veces (54 p.).

V. 20: (7 p. b., 2 p. b. jun.) 6 veces (48 p.).

V. 21: (6 p. b., 2 p. b. jun.) 6 veces (42 p.).

V. 22: (5 p. b., 2 p. b. jun.) 6 veces (36 p.).

V. 23: (4 p. b., 2 p. b. jun.) 6 veces (30 p.).

V. 24: (3 p. b., 2 p. b. jun.) 6 veces (24 p.).

V. 25: (2 p. b., 2 p. b. jun.) 6 veces (18 p.). Introduzca abundante relleno.

V. 26: (1 p. b., 2 p. b. jun.) 6 veces (12 p.).

V. 27: (2 p. b. jun.) 6 veces (6 p.).

Con una aguja de tapicería, pase el hilo a través de los últimos p. b. de la vuelta y cíñalo para cerrar el agujero. Remate la labor y esconda los cabos.

Montaje

Inserte el tallo y el tutor para plantas en la tierra. Ponga los capullos en el otro extremo del tallo. Con suavidad, curve el tallo para que quede arqueado. Monte cada flor cosiendo los pétalos internos a los pétalos dobles y luego estos encima de los pétalos triples. A continuación, cosa las flores al tallo. Coloque un trozo de alambre floral dentro de cada hoja. Clave los alambres en la tierra y, después, cosa la base de cada hoja. Cosa la extremos de la raíces a la tierra.

Para más seguridad, sujete el tallo al tutor con dos pincitas para orquídeas.

Primula auricula

Oreja de oso

Llamativa, colorida y detallada, esta planta es tan apreciada que hay gente que incluso expone varias en unos expositores especiales llamados «teatros de aurículas». Con hilo y ganchillo, podrá crear una maravillosa colección ideal para exhibir durante todo el año.

TAMAÑO FINAL

La planta mide unos 14 cm de altura.

NECESITARÁ

- Metropolis de Scheepjes, 75 % lana, 25 % nailon (200 m por ovillo de 50 g): 1 ovillo de cada color: 032 Abu Dhabi (A) y 062 Valencia (B) Pequeñas cantidades de los colores 033 Atlanta (C), 078 Lyon (D), 053 Santiago (E) y 042 Lagos (F)
- Aguja de ganchillo de 3 mm
- Relleno de poliéster
- Aguja de tapicería
- Alambre floral
- Maceta de unos 8 cm de diámetro

TENSIÓN

Para este proyecto, la muestra de tensión no es necesaria.

Nota

Las hojas se tejen en redondo con la técnica estándar de los amigurumis (véase la página 128). Ponga un marcador de puntos al inicio de cada vuelta para poder situarse bien en el patrón.

a., 1 p. a., 1 p. a. d., 1 p. a., 1 p. m. a.) en el p. sig., 1 p. r. en cada uno de los sig. 2 p.; repita desde * 6 veces (7 pétalos). Remate el hilo E.

V. 5: Cambie al hilo F y haga 1 p. b. encima de cada p. a lo largo del borde de cada pétalo.

Remate la labor y esconda los cabos. Coloque los pétalos de manera que el borde de cada uno se superponga al del pétalo siguiente.

Tallos

Corte tres trozos de alambre floral de unos 20 cm. Ahora tejerá cad. alrededor de los alambres (*véase la página 133*) con hilo A y un ganchillo de 3 mm. Haga un nudo corredizo. Sujete el alambre con la mano en la que tiene el hilo, ponga el hilo debajo del alambre y el ganchillo encima, e. h. y sáquela por el nudo. Ponga el ganchillo debajo del alambre, e. h. y alárguela. Ponga el ganchillo encima del alambre, e. h. y sáquela por las 2 laz. de la aguja. Repita el proceso hasta recubrir 5 cm de dos alambres. Haga lo mismo con el tercero y luego, sin rematar el hilo, retuerza juntas las partes sin recubrir de los tres alambres para formar un solo tallo. Recubra 7 cm de los tres alambres retorcidos con p. de ganchillo.

Tierra

Con un ganchillo de 3 mm e hilo B, haga un anillo mágico.

V. 1: 1 cad., 6 p. b. en el anillo.

V. 2: 2 p. b. en cada p. (12 p.).

V. 3: (1 p. b., 2 p. b. en el p. sig.) 6 veces (18 p.).

V. 4: (2 p. b., 2 p. b. en el p. sig.) 6 veces (24 p.).

Hoja (haga 3)

Con un ganchillo de 3 mm e hilo A, haga un anillo mágico (página 129).

V. 1: 1 cad., 6 p. b. en el anillo (6 p.).

V. 2: (2 p. b., 2 p. b. en el p. sig.) 2 veces (8 p.).

V. 3: (3 p. b., 2 p. b. en el p. sig.) 2 veces (10 p.).

V. 4: (4 p. b., 2 p. b. en el p. sig.) 2 veces (12 p.).

V. 5: (5 p. b., 2 p. b. en el p. sig.) 2 veces (14 p.).

V. 6: (6 p. b., 2 p. b. en el p. sig.) 2 veces (16 p.).

V. 7: (7 p. b., 2 p. b. en el p. sig.) 2 veces (18 p.).

V. 8: (8 p. b., 2 p. b. en el p. sig.) 2 veces (20 p.).

V. 9: (9 p. b., 2 p. b. en el p. sig.) 2 veces (22 p.).

V. 10: (10 p. b., 2 p. b. en el p. sig.) 2 veces (24 p.).

V. 11-14: Teja 1 p. b. en cada p.

V. 15: (9 p. b., 2 p. b. jun.) 2 veces (20 p.).

V. 16 y 17: Teja 1 p. b. en cada p.

V. 18: (8 p. b., 2 p. b. jun.) 2 veces (18 p.).

V. 19 y 20: Teja 1 p. b. en cada p.

V. 21: (7 p. b., 2 p. b. jun.) 2 veces (16 p.).

V. 22 y 23: Teja 1 p. b. en cada p.

V. 24: (6 p. b., 2 p. b. jun.) 2 veces (14 p.). Remate la labor dejando un cabo de 20 cm. Aplane la hoja.

Flor (haga 3)

Con un ganchillo de 3 mm e hilo C, haga un anillo mágico.

V. 1: 1 cad., 7 p. b. en el anillo. Remate el hilo C.

V. 2: Cambie al hilo D, 2 p. b. en cada uno de los sig. 7 p. (14 p.).

V. 3: (1 p. b., 2 p. b. en el p. sig.) 7 veces (21 p.). Remate el hilo D.

V. 4: Cambie al hilo E incorporándolo con 1 p. r. en cualquier p. b., *(1 p. m.

V. 5: (3 p. b., 2 p. b. en el p. sig.) 6 veces (30 p.).

V. 6: (4 p. b., 2 p. b. en el p. sig.) 6 veces (36 p.).

V. 7: (5 p. b., 2 p. b. en el p. sig.) 6 veces (42 p.).

V. 8: (6 p. b., 2 p. b. en el p. sig.) 6 veces (48 p.).

V. 9: (7 p. b., 2 p. b. en el p. sig.) 6 veces (54 p.).

V. 10: (8 p. b., 2 p. b. en el p. sig.) 6 veces (60 p.).

V. 11-18: Teja 1 p. b. en cada p.

V. 19: (8 p. b., 2 p. b. jun.) 6 veces (54 p.).

V. 20: (7 p. b., 2 p. b. jun.) 6 veces (48 p.).

V. 21: (6 p. b., 2 p. b. jun.) 6 veces (42 p.).

V. 22: (5 p. b., 2 p. b. jun.) 6 veces (36 p.).

V. 23: (4 p. b., 2 p. b. jun.) 6 veces (30 p.).

V. 24: (3 p. b., 2 p. b. jun.) 6 veces (24 p.).

V. 25: (2 p. b., 2 p. b. jun.) 6 veces (18 p.). Introduzca abundante relleno.

V. 26: (1 p. b., 2 p. b. jun.) 6 veces (12 p.).

V. 27: (2 p. b. jun.) 6 veces (6 p.). Con una aguja de tapicería, pase el hilo a través de los últimos p. b. de la vuelta y cíñalo para cerrar el agujero. Remate la labor y esconda los cabos.

Montaje

Inserte el tallo en la tierra. Ponga una flor en la punta de cada tallo. Coloque un trozo de alambre floral dentro de cada hoja.

Clave los alambres en la tierra y, después, cosa la base de cada hoja.

Cactus injertado rojo

Este popular cactus injertado recuerda un sombrero.
También los hay de otros tonos vivos, como amarillo, naranja o lila.
Esta reproducción hecha a ganchillo no pincha como la versión
natural, pero mantiene su fascinante color llamativo.

TAMAÑO FINAL

El cactus mide unos 10 cm de alto
y 5 cm de diámetro.

NECESITARÁ

- Special DK (ligero) de Stylecraft,
  100 % acrílico (295 m por ovillo de
  100 g):
  Pequeñas cantidades de los colores
  1009 Bottle (A), 1246 Lipstick (B) y
  1004 Dark Brown (C)
- Aguja de ganchillo de 3,5 mm
- Relleno de poliéster
- Aguja de tapicería
- Maceta de unos 6 cm de diámetro

TENSIÓN

Para este proyecto, la muestra de
tensión no es necesaria.

Nota

*Este proyecto se trabaja en
hileras. Las costillas se forman
trabajando solo a través de la
lazada trasera de cada punto
(véase la página 132).*

Cactus

Hilera 1: Con un ganchillo de 3,5 mm e hilo A, haga 18 cad.

Hilera 2 (R.): 1 p. a. en la 3.ª cad. desde la aguja, 1 p. a. en cada cad. hasta el final, dé la vuelta a la labor (16 p.).

Hilera 3: 3 cad., 1 p. a. en la laz. tras. de cada p. hasta el final, dele la vuelta (16 p.).

La hilera 3 forma el patrón. Teja 14 hileras más.

Ahora unirá la primera y la última hileras derecho contra derecho.

Hilera siguiente: 1 cad., 1 p. r. en cada p. Remate la labor dejando un cabo largo.

Cactus injertado

Hilera 1: Con un ganchillo de 3,5 mm e hilo B, haga 8 cad.

Hilera 2 (R.): 1 p. a. en la 3.ª cad. desde la aguja, 1 p. a. en cada cad. hasta el final, dé la vuelta a la labor (6 p.).

Hilera 3: 3 cad., 1 p. a. en la laz. tras. de cada p. hasta el final, dele la vuelta (6 p.).

La hilera 3 forma el patrón. Teja 14 hileras más.

Ahora unirá la primera y la última hileras derecho contra derecho.

Hilera siguiente: 1 cad., 1 p. r. en cada p. Remate la labor dejando un cabo largo.

Tierra

Con un ganchillo de 3,5 mm e hilo C, haga un anillo mágico (*véase la página 129*).

Vuelta 1: 1 cad., 6 p. b. en el anillo.

Vuelta 2: 2 p. b. en cada p. (12 p.).

Vuelta 3: (1 p. b., 2 p. b. en el p. sig.) 6 veces (18 p.).

Vuelta 4: (2 p. b., 2 p. b. en el p. sig.) 6 veces (24 p.).

Vueltas 5-12: Teja 1 p. b. en cada p.

Vuelta 13: (2 p. b., 2 p. b. jun.) 6 veces (18 p.).

Introduzca abundante relleno.

Vuelta 14: (1 p. b., 2 p. b. jun.) 6 veces (12 p.).

Vuelta 15: (2 p. b. jun.) 6 veces (6 p.).

Con una aguja de tapicería, pase el hilo a través de los últimos p. b. de la vuelta y cíñalo para cerrar el agujero. Remate la labor y esconda los cabos.

Montaje

Para formar el cactus injertado, cosa pequeñas puntadas de bastilla a lo largo de la costura de un lado y luego ciña el hilo para formar la parte superior. Introduzca abundante relleno y cierre el extremo abierto para formar una bola. En el cactus de la base, cosa pequeñas puntadas de bastilla a lo largo de la costura de un lado y ciña el hilo para formar la parte superior. Introduzca abundante relleno. Cosa el cactus rojo encima del verde y, después, cosa el lado abierto del cactus verde a la tierra.

Cómo hacer ganchillo

Toda la información que pueda necesitar para tejer bonitas plantas la encontrará a continuación. Tanto si es principiante como experto en hacer ganchillo, descubrirá trucos y consejos muy útiles para dar vida a sus creaciones.

Materiales

En algunos países, el ganchillo se conoce como «crochet», la palabra francesa. A diferencia del punto o calceta, se trabaja con solo una aguja de ganchillo, creando una serie de bucles de hilo conectados.

AGUJAS DE GANCHILLO

Hay ganchillos de varios materiales y tamaños. En este libro, he utilizado una gama de calibres relativamente pequeños, de entre 2 y 4 mm. En el caso de las agujas de 3,5 o 4 mm, me gusta utilizar modelos ergonómicos de punte metálica.

HILO

La clave a la hora de hacer estos proyectos es encontrar el hilo que reproduzca los colores y las texturas de las plantas. Por ejemplo, a mí me encanta usar hilos texturizados tipo espumillón para crear las espinas de los cactus, como en el castillo de hadas (página 36), e hilos con mohair para reproducir la suavidad de las hojas de la violeta africana (página 16). Muchas plantas quedan más realistas si las hace con un hilo de tweed con toques de un color que contraste, o un hilo jaspeado de tonos diferentes, como en el árbol de jade ondulado (página 52). Para recrear las rayas del aloe tigre (página 32), he usado un hilo para calcetines con efecto rayado.

RELLENO

Muchos proyectos llevan relleno de poliéster, como las piezas que se cosen a la tierra. Mi preferido es el relleno para peluches Minicraft Supersoft, ya que cumple con los estándares BS145, BN5852 y EN71, y es seguro para niños. Asegúrese de rellenar las plantas de modo que queden firmes pero no demasiado abultadas, ya que eso distorsionaría el aspecto general del proyecto.

AGUJAS DE COSER

Para completar los proyectos necesitará una de aguja de tapicería para esconder cabos y añadir detalles.

SOPORTES PARA PLANTAS: TUTORES Y CARTÓN

Las plantas de interior reales a menudo reciben la ayuda de un pequeño soporte, algo todavía más necesario si su planta es de ganchillo. En el caso de las especies más grandes, como la lengua de tigre (página 28), o de los proyectos que requieren un soporte adicional, como la orquídea mariposa (página 106), he empleado tutores para plantas o brochetas de bambú. Córtelos para que tengan el tamaño adecuado, de manera que, al clavarlos en la tierra, la planta empiece justo debajo del borde de la maceta. El tronco de la yuca (página 64) está reforzado con un tubo de cartón. En cuanto a la planta corazón (página 44), hay que introducirle un trozo de cartón para crear su estructura interna.

SOPORTES PARA PLANTAS: ALAMBRE

En algunos de los proyectos hay que reforzar las hojas y los tallos con alambre floral y de jardinería. Hay varias plantas en las que hay que introducir alambre floral en las hojas tejidas para reforzarlas, como en el helecho espada (página 98), o en los tallos, como en el amor de hombre (página 68). También puede ensartar un trozo de alambre floral por el centro de las hojas en el revés de la labor, tal como se hace en la planta de la oración (página 86). El delgado alambre va muy bien para curvar las hojas y permite manipularlas para darles un aspecto lo más natural posible.

Puede que prefiera usar limpiapipas para manualidades o alambre recubierto de chenilla, si tiene en casa. El alambre de jardinería, más grueso, es ideal para crear tallos curvados. En cualquier caso, asegúrese de que el alambre no sobresale de la planta, pues podría herirle a usted o a cualquiera que se acerque a admirar su creación.

Consejo

En lugar de comprar costosos marcadores de puntos, yo simplemente corto un trocito de hilo, de unos 5 cm, y lo coloco entre el último punto de una vuelta y el primero de la siguiente. Una vez acabada la labor, estos hilos pueden retirarse con facilidad, sin afectar los puntos.

ABREVIATURAS

2 p. a. d. en el mismo p.	2 puntos altos dobles tejidos en el mismo punto
2 p. a. en el mismo p.	2 puntos altos tejidos en el mismo punto
2 p. a. jun.	2 puntos altos cerrados juntos (para disminuir 1 punto)
2 p. b. en el mismo p.	2 puntos bajos tejidos en el mismo punto (para augmentar 1 punto)
2 p. b. jun.	2 p. b. cerrados juntos (para disminuir 1 punto)
2 p. m. a. en el mismo p.	2 puntos medios altos tejidos en el mismo punto
3 p. b. jun.	3 p. b. cerrados juntos (para disminuir 2 puntos)
cad.	cadeneta
cm	centímetros
D.	derecho de la labor
e. h.	eche hebra sobre la aguja
esp.	espacio
esp. de cad.	espacio de cadeneta
g	gramos
H.	hilera
jun.	cerrados juntos
laz.	lazada
laz. del.	solo en la lazada delantera
laz. tras.	solo en la lazada trasera
m	metros
mm	milímetros

p.	punto
p. a.	punto alto
p. a. d.	punto alto doble
p. b.	punto bajo
p. m. a.	punto medio alto
p. r.	punto raso
R.	revés de la labor
sált.	sáltese
sig.	siguiente
V.	vuelta

SINÓNIMOS DE LOS PUNTOS

Los puntos de ganchillo se conocen con diferentes nombres. Para evitar confusiones, asegúrese de comprender cómo se llaman en el patrón que va a seguir.

En este libro	Otras denominaciones
Cadeneta	Cadenilla, punto de cadena, punto al aire
Punto alto	Punto vareta
Punto alto doble	Punto vareta doble
Punto bajo	Medio punto
Punto medio alto	Medio punto alto, punto media vareta
Punto raso	Punto enano, corrido, deslizado, bajísimo

CONVERSIONES

Tamaños de las agujas de ganchillo

Reino Unido	Sistema métrico	EE. UU.
14	2 mm	–
13	2,25 mm	B/1
12	2,5 mm	–
–	2,75 mm	C/2
11	3 mm	–
10	3,25 mm	D/3
9	3,5 mm	E/4
–	3,75 mm	F/5
8	4 mm	G/6
7	4,5 mm	7
6	5 mm	H/8
5	5,5 mm	I/9
4	6 mm	J/10
3	6,5 mm	K/10,5
2	7 mm	–
0	8 mm	L/11
00	9 mm	M–N/13
000	10 mm	N-P/15

Técnicas de ganchillo

En esta sección aprenderá la técnicas básicas que necesitará para confeccionar los proyectos. Algunas requieren un poco de práctica, pero una vez las aprenda podrá añadir texturas y adornos a sus plantas de ganchillo.

CÓMO SOSTENER EL GANCHILLO

Sujete la aguja con la mano derecha o izquierda como si fuera un lápiz, entre el índice y el pulgar.

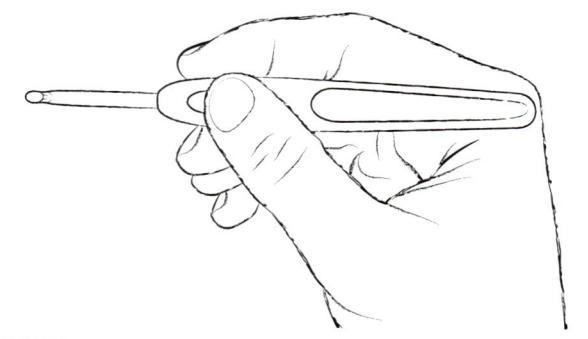

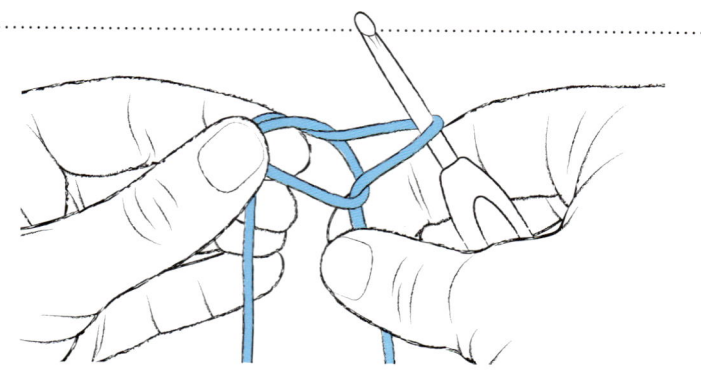

CÓMO SOSTENER EL HILO

Enróllese el hilo en el meñique de la mano que no utiliza para sujetar la aguja y luego páselo por la mano. Puede sostener el cabo entre el dedo corazón y el pulgar y utilizar el índice para controlar la tensión del hilo.

CÓMO HACER UN NUDO CORREDIZO O DESLIZADO

Enróllese el hilo alrededor de dos dedos para formar un bucle. Pase otro bucle por el primero y tire de él con el ganchillo. Tire de los hilos suavemente para ajustar el nudo a la aguja.

CADENETA (CAD.)

1 Primero haga un nudo corredizo.

2 Eche hebra sobre la aguja.

3 Saque la lazada a través del bucle del nudo corredizo para formar una cadeneta.

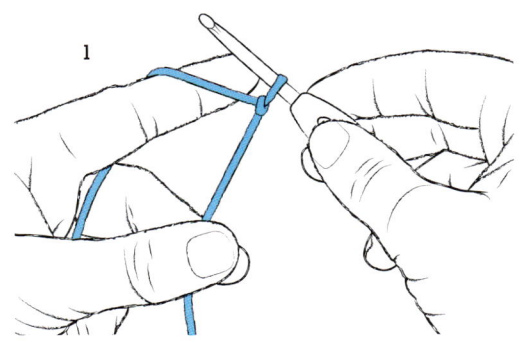

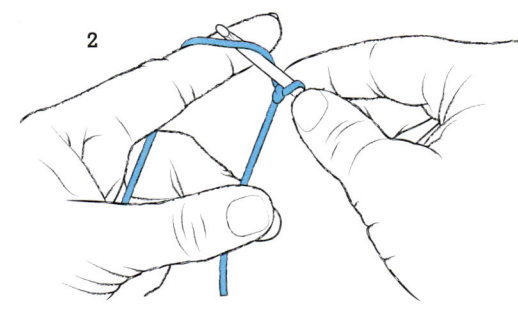

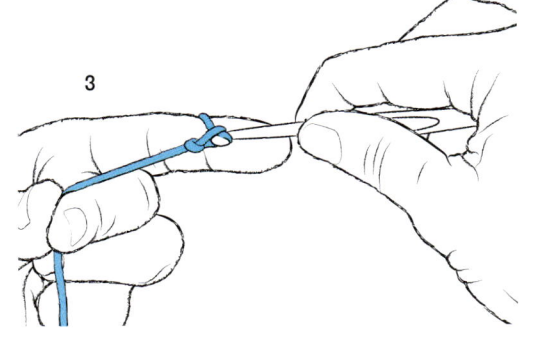

PUNTO RASO (P. R.)

Este punto es ideal para añadir adornos y unir dos piezas de ganchillo.

1 Introduzca el ganchillo en el punto y eche hebra sobre la aguja.

2 Saque la lazada a través del punto y por la lazada de la aguja. Haga el número indicado de puntos rasos del mismo modo.

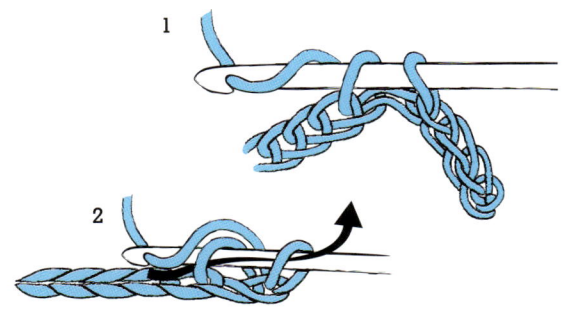

PUNTO BAJO (P. B.)

1 Introduzca el ganchillo en el punto, eche hebra sobre la aguja y sáquela a través del punto. Debería tener dos lazadas en la aguja.

2 Eche hebra y sáquela por las dos lazadas del ganchillo. Debería tener una lazada en la aguja.

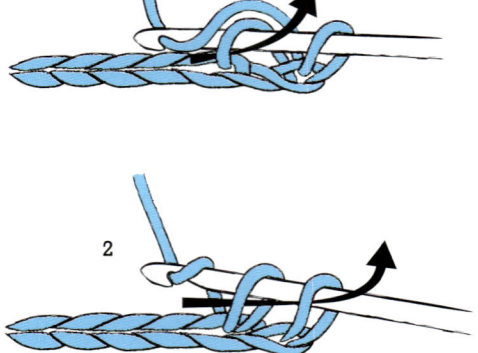

PUNTO ALTO (P. A.)

1 Eche hebra sobre la aguja e introduzca el ganchillo en el punto. Eche hebra y sáquela por el punto.

2 Vuelva a echar hebra y sáquela por dos lazadas. Debería tener dos lazadas en la aguja.

3 Vuelva a echar hebra y sáquela por las dos lazadas restantes. Debería quedarle una lazada en la aguja.

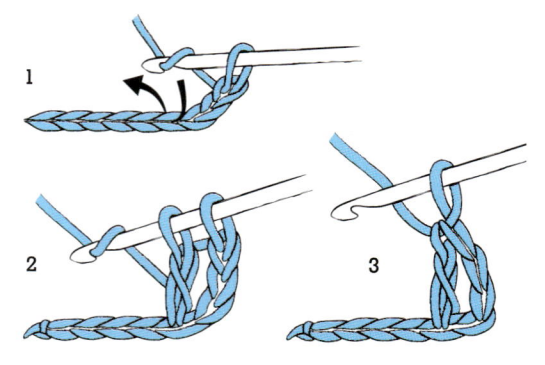

PUNTO MEDIO ALTO (P. M. A.)

1 Eche hebra sobre la aguja, introduzca el ganchillo en el punto, eche hebra y sáquela a través del punto. Debería tener tres lazadas en la aguja.

2 Vuelva a echar hebra y sáquela por todas las lazadas del ganchillo. Debería tener una lazada en la aguja.

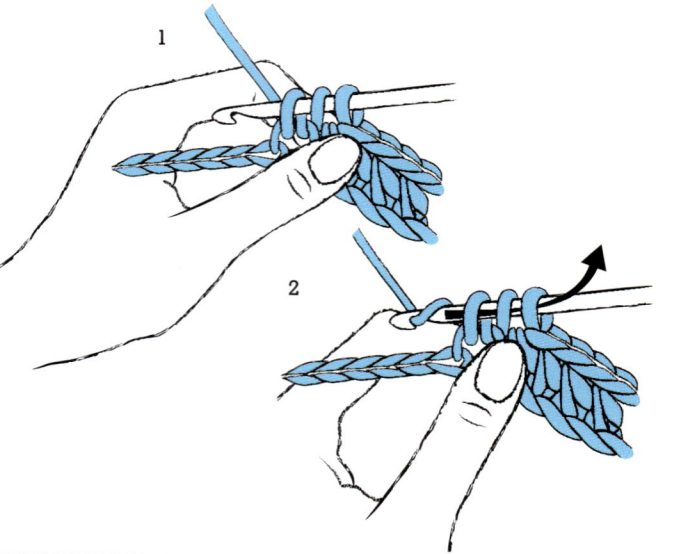

PUNTO ALTO DOBLE (P. A. D.)

1 Eche hebra sobre la aguja dos veces, introduzca el ganchillo en el punto, eche hebra y sáquela a través del punto. Debería tener cuatro lazadas en la aguja.

2 Eche hebra y sáquela por dos lazadas. Debería tener tres lazadas en la aguja.

3 Eche hebra y sáquela por dos lazadas. Debería tener dos lazadas en la aguja.

4 Eche hebra y sáquela por las dos lazadas restantes. Debería tener una lazada en la aguja.

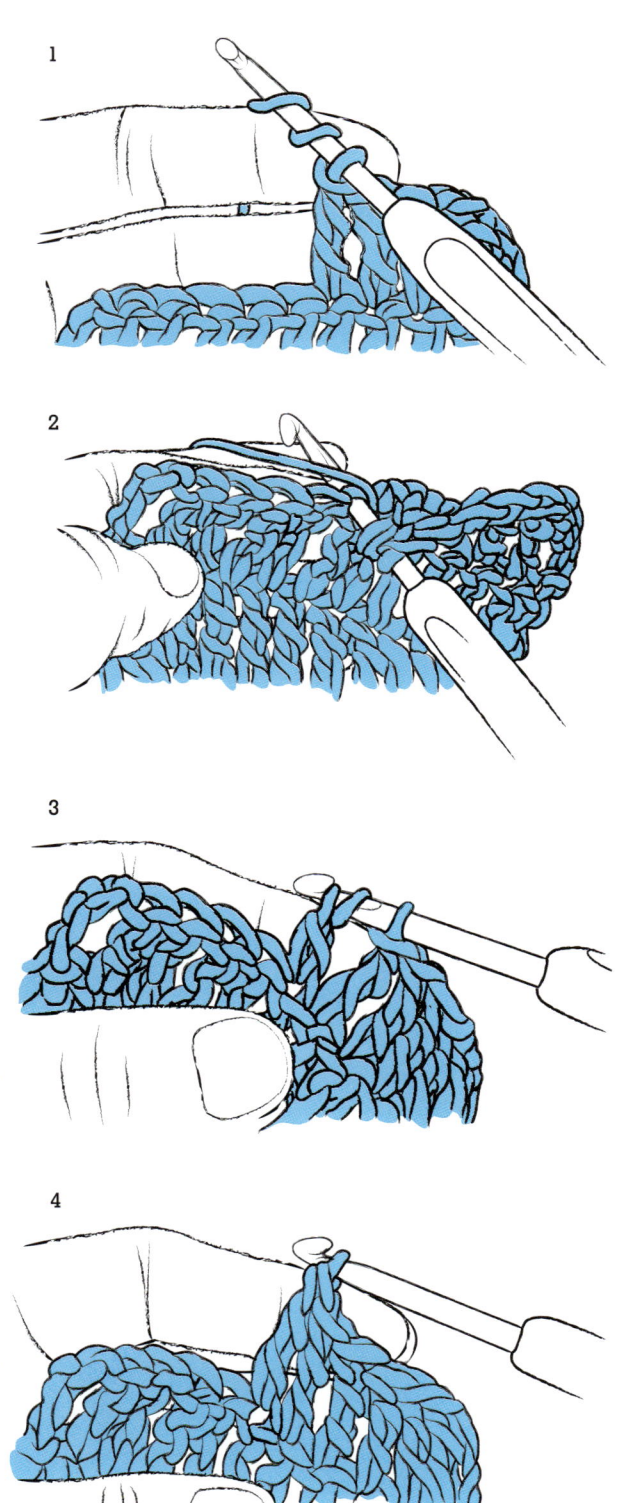

TRABAJAR EN HILERAS

Al tejer en hileras, debe hacer cadenetas de vuelta al principio de cada una; la cantidad de cadenetas depende del tipo de punto que se trabajará. En una hilera de puntos bajos, tendrá que tejer una cadeneta al principio, tal como verá indicado en el patrón.

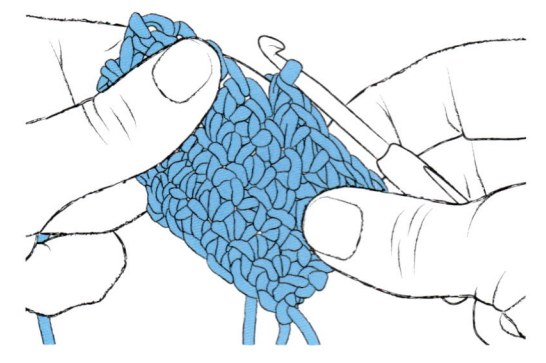

TRABAJAR EN REDONDO

Una característica maravillosa del ganchillo es que no hay que trabajar siempre en hileras; también puede tejer en redondo. Muchos de los patrones de este libro se hacen tejiendo vueltas en espiral seguidas, sin necesidad de hacer puntos rasos de unión ni cadenetas de vuelta.

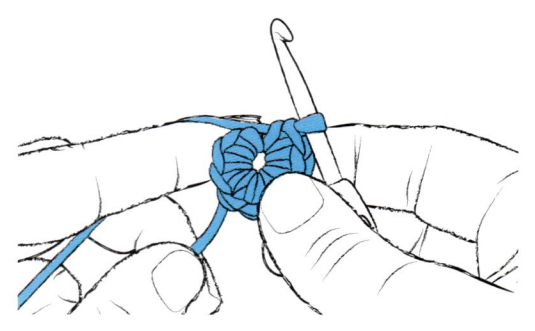

TRABAJAR EN ESPIRAL

La mayoría de los patrones de este libro se tejen en espiral comenzando con un anillo mágico. Se trabajan siguiendo el método de los amigurumis, que consiste en tejer formando una espiral continuada, sin puntos rasos de unión o cadenetas de vuelta. De este modo, se obtienen piezas cilíndricas sin costuras.

Para saber dónde comienza cada vuelta, es recomendable colocar un marcador de puntos al inicio de cada una.

ANILLO MÁGICO

El modo más habitual de empezar una labor de estilo amigurumi es con un anillo mágico. Además de ser una manera pulcra de comenzar una pieza circular, se evita el agujero que de otro modo queda visible en el centro. Los anillos mágicos suelen hacerse con puntos bajos, ya que crean un tejido bien tupido.

1 Empiece haciendo un nudo corredizo básico. Tire del bucle y agárrelo con el ganchillo.

2 Antes de ceñir el anillo, eche hebra sobre la aguja (por fuera del anillo) y sáquela para hacer la primera cadeneta.

3 Introduzca el ganchillo en el anillo, eche hebra y sáquela a través del anillo. Debería tener dos lazadas en la aguja.

4 Vuelva a echar hebra (por fuera del anillo) y sáquela por las dos lazadas.

5 Ya tiene hecho el primer punto bajo.

6 Siga trabajando del mismo modo para tejer la cantidad de puntos bajos que indican las instrucciones del patrón. Tire del cabo para cerrar el anillo y luego siga tejiendo en redondo del modo habitual.

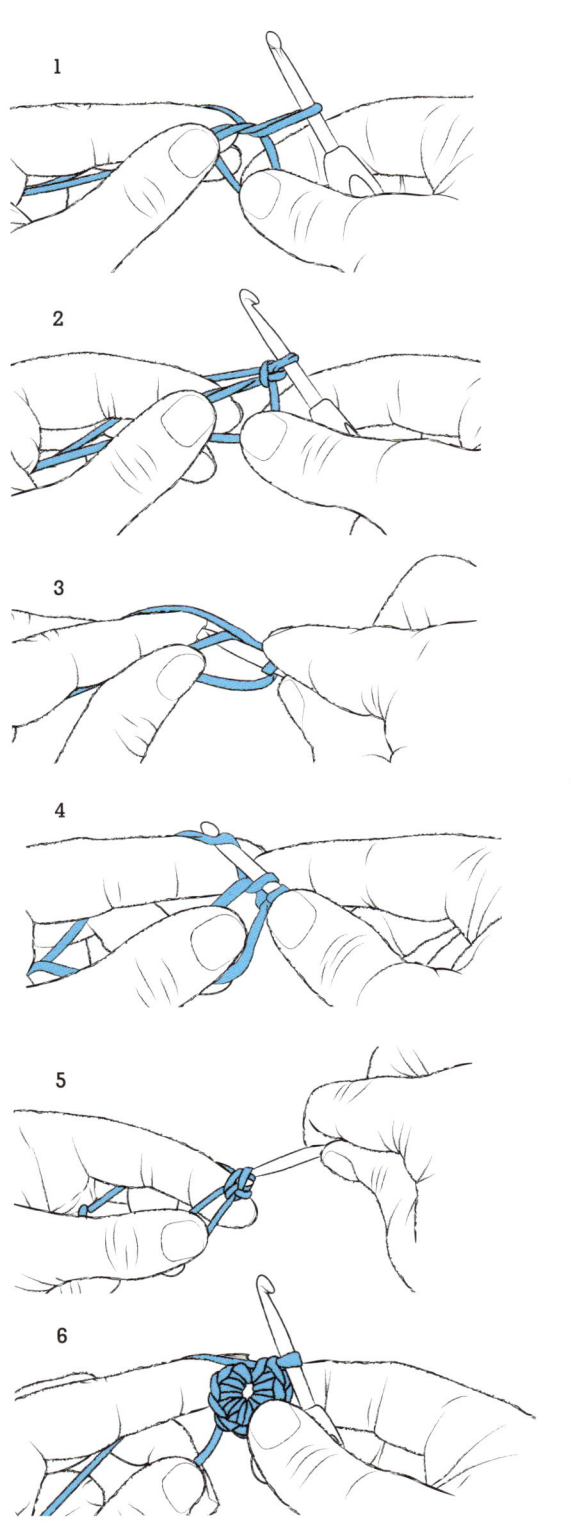

AUMENTOS

Teja un punto del modo habitual y, después, haga otro en el mismo punto de la hilera anterior.

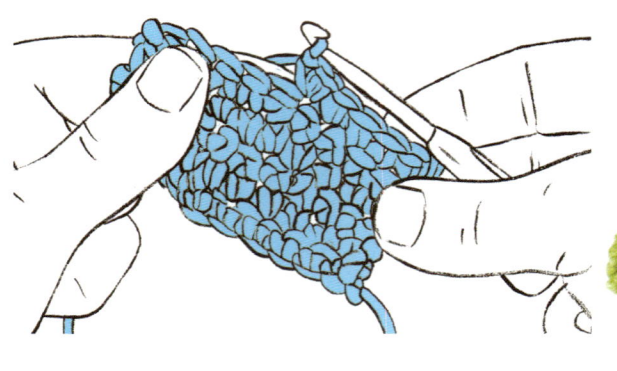

DISMINUCIONES (2 P. B. JUN.)

1 Introduzca el ganchillo en el punto siguiente, saque una lazada, introduzca el ganchillo en el punto siguiente y saque otra lazada.

2 Eche hebra y sáquela por las tres lazadas de la aguja.

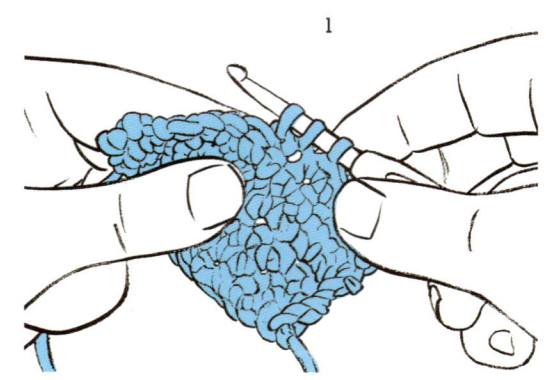

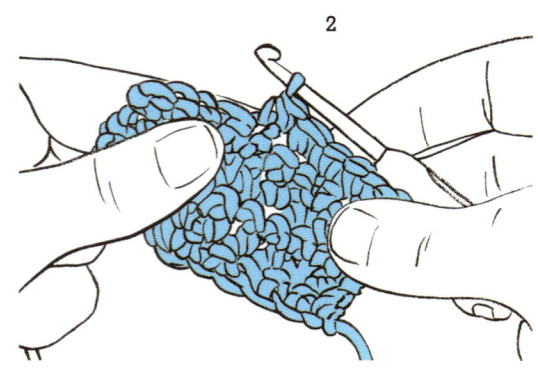

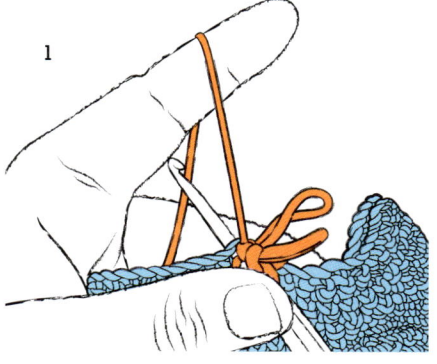

BUCLE

Las hojas de la cola de burro (página 48) se hacen con bucles de hilo.

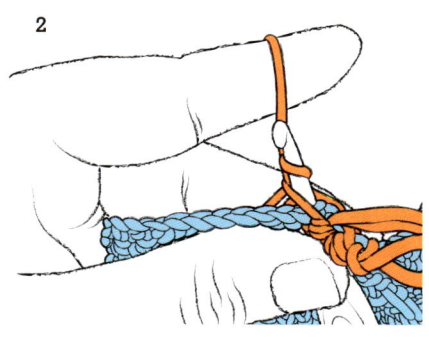

1   Incorpore el hilo en la superficie del tejido con un punto raso. Con el hilo por encima de su dedo índice, introduzca el ganchillo en el punto.

2   Coja el hilo de detrás del índice y el de delante.

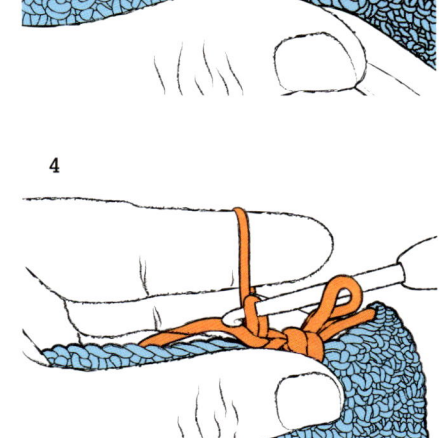

3   Sáquelos a través del punto, eche hebra y sáquela por todas las lazadas de la aguja.

4   Retire el dedo y, con el hilo de nuevo por encima del dedo índice, empiece el punto siguiente. Esto creará una serie de bucles en la superficie del tejido.

PIÑA DE 3 P. M. A.

El cactus corona (página 76) incluye esta piña, que se teje uniendo varias lazadas con un punto raso.

1   Eche hebra sobre la aguja e introduzca el ganchillo en el punto siguiente.

2   Eche hebra, sáquela y alárguela hasta que alcance la altura de dos cadenetas.

3   Repita los pasos dos veces en el mismo punto. Tiene siete lazadas en la aguja. Eche hebra y sáquela por todas las lazadas. Teja una cadeneta para asegurar la piña.

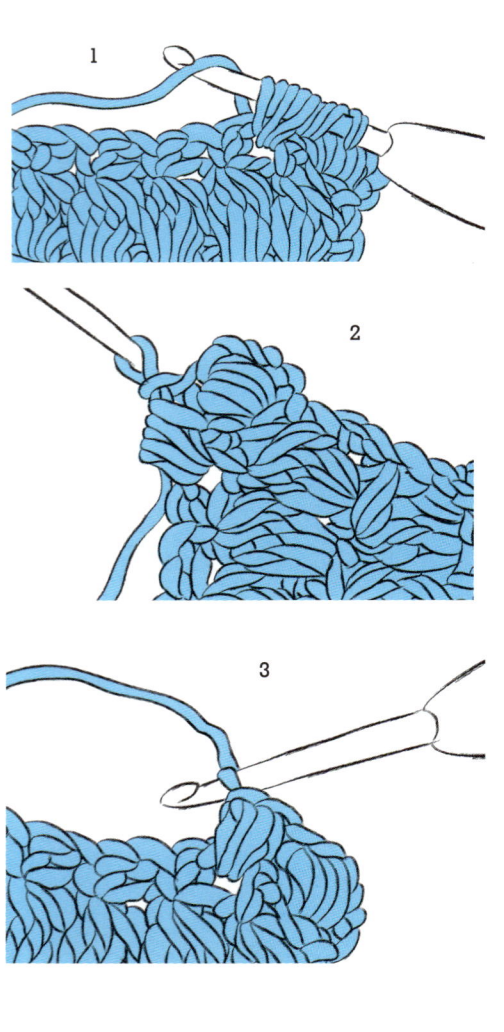

TRABAJAR SOLO EN LA LAZADA TRASERA

Normalmente los puntos se tejen pasando el ganchillo por debajo de las dos lazadas superiores de un punto. Puede crear un efecto diferente trabajándolos solo en la lazada trasera (laz. tras.) de los puntos de la vuelta o hilera. Esto crea una cresta o un cordoncillo horizontal en la hilera. He usado esta técnica en varios proyectos del libro, como el cactus injertado rojo (página 114) y el castillo de hadas (página 36).

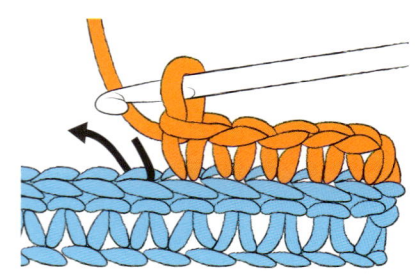

TEJER CADENETAS ALREDEDOR DEL ALAMBRE

En varios proyectos del libro se integra un trozo de alambre en la labor para reforzar la estructura del tallo o de las hojas de la planta, como en la cinta (página 20). Esto evita que la pieza pierda la forma y permite manipularla una vez completada para darle un aspecto más natural.

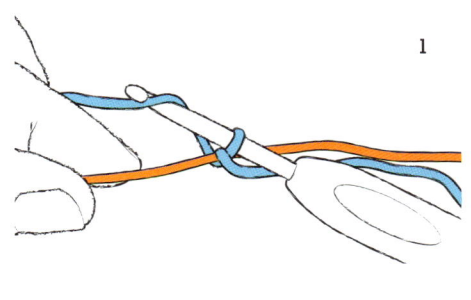

1   Haga un nudo corredizo. Sujete el alambre con la mano en la que tiene el hilo, ponga el hilo debajo del alambre y el ganchillo encima, eche hebra y sáquela por el nudo corredizo.

2   Ponga el ganchillo debajo del alambre y eche hebra sobre la aguja.

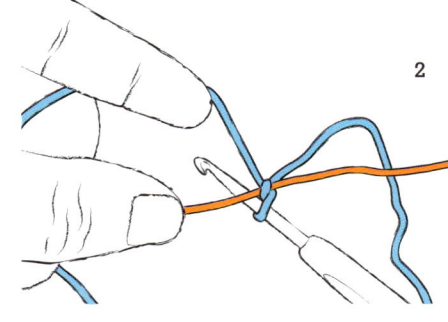

3   Alargue la lazada, ponga el ganchillo encima del alambre y eche hebra.

4   Sáquela por las dos lazadas de la aguja.

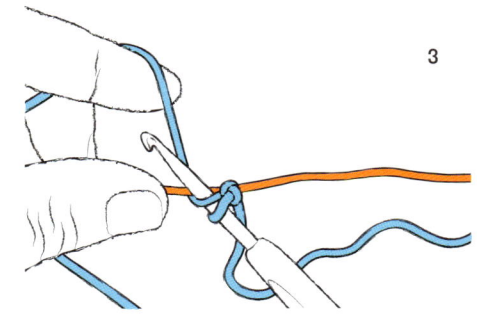

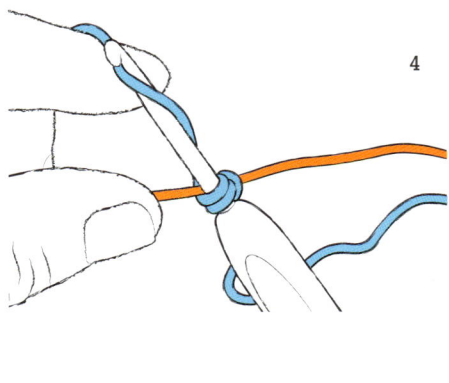

PUNTO LARGO

He utilizado puntos largos para recrear el patrón de las hojas del cóleo (página 56).

1　En lugar de trabajar en el punto siguiente, introduzca el ganchillo por encima del punto de la hilera anterior desde el derecho de la labor.

2　Eche hebra, saque una lazada y alárguela hasta alcanzar la altura de la hilera de trabajo, encerrando el punto saltado.

3　Eche hebra y sáquela por las dos lazadas de la aguja para completar un punto bajo largo.

NUDO FRANCÉS

Los nudos franceses son perfectos para decorar un tejido con topitos. Los he hecho en la violeta africana (página 16) y la poinsettia (página 90).

1　Atraviese el tejido con la aguja de coser para llevarla al derecho de la labor y enrolle el hilo tres veces a su alrededor.

2　Vuelva a introducir la aguja en el tejido muy cerca del sitio por el que ha salido.

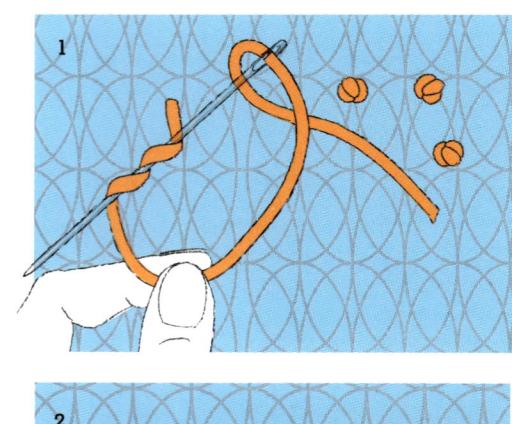

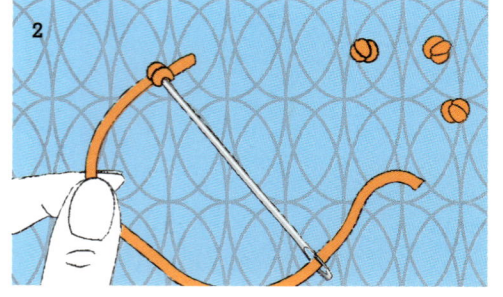

DECORACIÓN CON PUNTOS RASOS SUPERFICIALES

Puede crear líneas decorativas en la superficie del tejido haciendo puntos rasos entre dos hileras. Esta técnica se utiliza para crear el patrón de la planta de la oración (página 86).

1   Sujete el hilo por el revés del tejido y saque una lazada entre los puntos.

2   Después, introduzca el ganchillo en el punto siguiente para sacar otra lazada.

3   Pásela a través de la primera lazada para crear una especie de cadeneta de ganchillo.

4   Para rematar el hilo, córtelo y sáquelo hacia el derecho de la labor a través de la última lazada. Después, con una aguja de tapicería, vuelva a llevar el hilo al revés de la labor pasando por encima de la lazada y esconda bien el cabo.

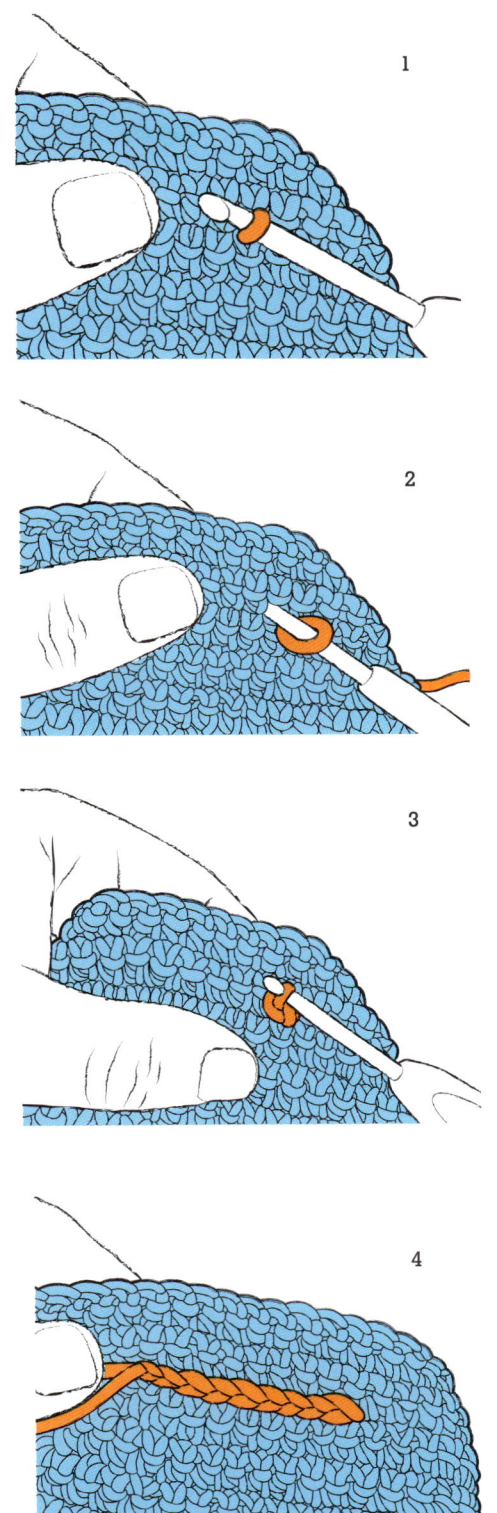

Acabar la labor

Esta sección le enseñará a terminar su proyecto de manera que quede robusto y duradero. El tipo de uniones que se hacen y el cuidado que se tiene a la hora de rematar los cabos sueltos influyen sobremanera en el aspecto final de la planta.

SOBREHILADO

Puede unir dos piezas con un sobrehilado. Haga un nudo en el extremo del hilo. Lleve la aguja de coser al derecho de una pieza atravesando el tejido y junte ambas piezas revés contra revés. Pase la aguja a través de la pieza trasera y luego la delantera, y repítalo a intervalos regulares a lo largo de todo el borde. Le quedará una hilera de pequeñas puntadas a lo largo del borde de los tejidos que mantendrá unidas ambas piezas.

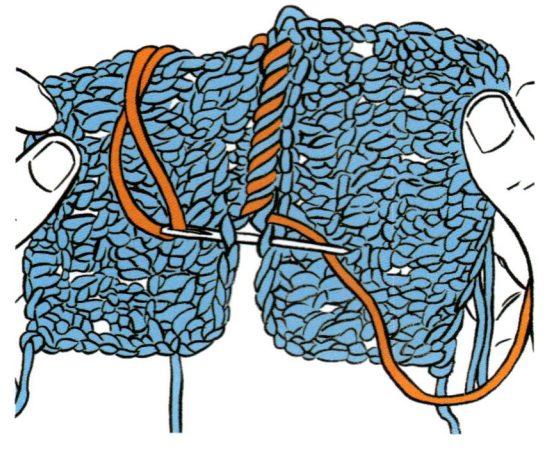

UNIÓN A PUNTO RASO

Junte las dos piezas de ganchillo revés contra revés. Introduzca el ganchillo en ambas piezas empezando por el inicio de la unión, eche hebra, sáquela a través de los tejidos y luego por la lazada de la aguja. Teja una hilera de puntos rasos atravesando ambas piezas a la vez con el ganchillo.

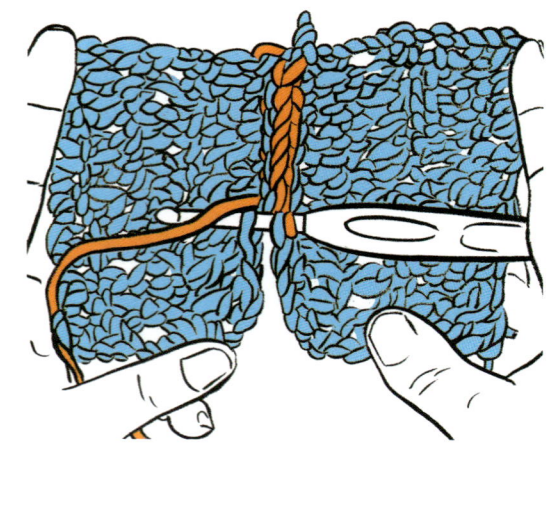

UNIÓN A PUNTO BAJO

Se hace como la unión a punto raso pero tejiendo puntos bajos en lugar de rasos. Si la labor tiene esquinas, teja tres puntos en cada una.

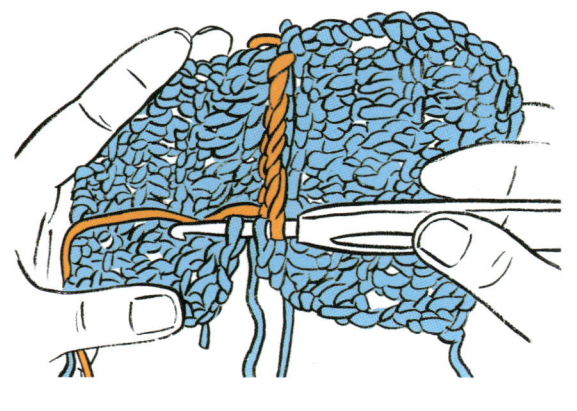

ESCONDER LOS CABOS SUELTOS

Cuando remate la labor, intente dejar un cabo de unos 20 cm. Seguramente podrá esconderlo en la hilera siguiente. Yo siempre me aseguro de entretejer los hilos hacia atrás y hacia delante tres veces.

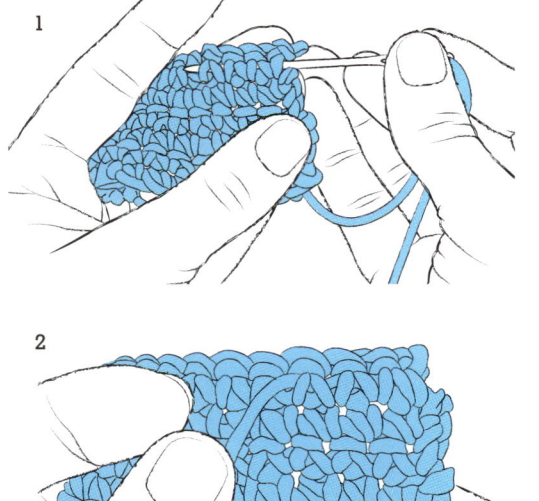

1 Ensarte el hilo en una aguja de tapicería y escóndalo por el revés del proyecto. Para ello, páselo entre los puntos hacia una dirección y luego hacia la opuesta.

2 Pase la aguja por detrás del primer cordoncillo de puntos a lo largo de 5 cm como mínimo. Corte el hilo cerca del tejido.

Tierra de ganchillo

En muchos de los patrones decidí tejer también la tierra para realzar aún más el proyecto. La idea es llenar la maceta con una esfera hecha de hilo marrón y rellenada. Puede ajustar la cantidad de relleno para que la tierra quepa en su maceta. A continuación, hay cuatro patrones que se adaptan a macetas de diferentes tamaños. Todos estos patrones se hacen con lana DK (ligera).

Para macetas pequeñas

Se adapta a macetas de 6 o 7 cm de diámetro. Con un ganchillo de 3,5 mm, haga un anillo mágico (véase la página 129).

V. 1: 1 cad., 6 p. b. en el anillo.
V. 2: 2 p. b. en cada p. (12 p.).
V. 3: (1 p. b., 2 p. b. en el p. sig.) 6 veces (18 p.).
V. 4: (2 p. b., 2 p. b. en el p. sig.) 6 veces (24 p.).
V. 5-12: Teja 1 p. b. en cada p.
V. 13: (2 p. b., 2 p. b. jun.) 6 veces (18 p.). Introduzca abundante relleno.
V. 14: (1 p. b., 2 p. b. jun.) 6 veces (12 p.).
V. 15: (2 p. b. jun.) 6 veces (6 p.).
Con una aguja de tapicería, pase el hilo a través de los últimos p. b. de la vuelta y cíñalo para cerrar el agujero. Remate la labor y esconda los cabos.

Para macetas medianas

Se adapta a macetas de 8 o 9 cm de diámetro. Con un ganchillo de 3,5 mm, haga un anillo mágico.

V. 1: 1 cad., 6 p. b. en el anillo.
V. 2: 2 p. b. en cada p. (12 p.).
V. 3: (1 p. b., 2 p. b. en el p. sig.) 6 veces (18 p.).
V. 4: (2 p. b., 2 p. b. en el p. sig.) 6 veces (24 p.).
V. 5: (3 p. b., 2 p. b. en el p. sig.) 6 veces (30 p.).
V. 6: (4 p. b., 2 p. b. en el p. sig.) 6 veces (36 p.).
V. 7-14: Teja 1 p. b. en cada p.

V. 15: (4 p. b., 2 p. b. jun.) 6 veces (30 p.).
V. 16: (3 p. b., 2 p. b. jun.) 6 veces (24 p.).
V. 17: (2 p. b., 2 p. b. jun.) 6 veces (18 p.). Introduzca abundante relleno.
V. 18: (1 p. b., 2 p. b. jun.) 6 veces (12 p.).
V. 19: (2 p. b. jun.) 6 veces (6 p.).
Con una aguja de tapicería, pase el hilo a través de los últimos p. b. de la vuelta y cíñalo para cerrar el agujero. Remate la labor y esconda los cabos.

Para macetas medianas-grandes

Se adapta a macetas de 10 u 11 cm de diámetro. Con un ganchillo de 3,5 mm, haga un anillo mágico.

V. 1: 1 cad., 6 p. b. en el anillo.
V. 2: 2 p. b. en cada p. (12 p.).
V. 3: (1 p. b., 2 p. b. en el p. sig.) 6 veces (18 p.).
V. 4: (2 p. b., 2 p. b. en el p. sig.) 6 veces (24 p.).
V. 5: (3 p. b., 2 p. b. en el p. sig.) 6 veces (30 p.).
V. 6: (4 p. b., 2 p. b. en el p. sig.) 6 veces (36 p.).
V. 7: (5 p. b., 2 p. b. en el p. sig.) 6 veces (42 p.).
V. 8: (6 p. b., 2 p. b. en el p. sig.) 6 veces (48 p.).
V. 9-16: Teja 1 p. b. en cada p.

V. 17: (6 p. b., 2 p. b. jun.) 6 veces (42 p.).

V. 18: (5 p. b., 2 p. b. jun.) 6 veces (36 p.).

V. 19: (4 p. b., 2 p. b. jun.) 6 veces (30 p.).

V. 20: (3 p. b., 2 p. b. jun.) 6 veces (24 p.).

V. 21: (2 p. b., 2 p. b. jun.) 6 veces (18 p.).
Introduzca abundante relleno

V. 22: (1 p. b., 2 p. b. jun.) 6 veces (12 p.).

V. 23: (2 p. b. jun.) 6 veces (6 p.).

Con una aguja de tapicería, pase el hilo a través de los últimos p. b. de la vuelta y cíñalo para cerrar el agujero. Remate la labor y esconda los cabos.

Para macetas grandes

Se adapta a macetas de 12 o 13 cm de diámetro. Con un ganchillo de 3,5 mm, haga un anillo mágico.

V. 1: 1 cad., 6 p. b. en el anillo.

V. 2: 2 p. b. en cada p. (12 p.).

V. 3: (1 p. b., 2 p. b. en el p. sig.) 6 veces (18 p.).

V. 4: (2 p. b., 2 p. b. en el p. sig.) 6 veces (24 p.).

V. 5: (3 p. b., 2 p. b. en el p. sig.) 6 veces (30 p.).

V. 6: (4 p. b., 2 p. b. en el p. sig.) 6 veces (36 p.).

V. 7: (5 p. b., 2 p. b. en el p. sig.) 6 veces (42 p.).

V. 8: (6 p. b., 2 p. b. en el p. sig.) 6 veces (48 p.).

V. 9: (7 p. b., 2 p. b. en el p. sig.) 6 veces (54 p.).

V. 10: (8 p. b., 2 p. b. en el p. sig.) 6 veces (60 p.).

V. 11-18: Teja 1 p. b. en cada p.

V. 19: (8 p. b., 2 p. b. jun.) 6 veces (54 p.).

V. 20: (7 p. b., 2 p. b. jun.) 6 veces (48 p.).

V. 21: (6 p. b., 2 p. b. jun.) 6 veces (42 p.).

V. 22: (5 p. b., 2 p. b. jun.) 6 veces (36 p.).

V. 23: (4 p. b., 2 p. b. jun.) 6 veces (30 p.).

V. 24: (3 p. b., 2 p. b. jun.) 6 veces (24 p.).

V. 25: (2 p. b., 2 p. b. jun.) 6 veces (18 p.).
Introduzca abundante relleno

V. 26: (1 p. b., 2 p. b. jun.) 6 veces (12 p.).

V. 27: (2 p. b. jun.) 6 veces (6 p.).

Con una aguja de tapicería, pase el hilo a través de los últimos p. b. de la vuelta y cíñalo para cerrar el agujero. Remate la labor y esconda los cabos.

Nota

Complete la tierra antes de insertarle los tutores para plantas y los alambres. Deje un trozo del alambre o del tutor sin recubrir con puntos de ganchillo. Clave el extremo en el tejido y en el relleno y, después, use el cabo suelto para coser con pequeñas puntadas la cobertura de ganchillo del tallo a la superficie de la tierra.

Macetas de ganchillo

Puede exponer sus proyectos en macetas de verdad, pero también las puede tejer con hilos de colores que complementen la planta y la decoración de su hogar. A mí me resulta práctico reforzarlas mediante la integración de una maceta de cartón, de las que suelen utilizarse para las plántulas.

TAMAÑO FINAL

La maceta mide 6 cm de diámetro en la parte superior, 5 en la base y 6 cm de altura.

NECESITARÁ

Maceta lisa

◆ Life DK (ligero) de Stylecraft, 75 % acrílico, 25 % lana (298 m por ovillo de 100 g): 1 ovillo de color 2448 Bark (A)

Maceta a rayas

◆ Essentials Cotton DK (ligero) de Rico Design, 100 % algodón (130 m por ovillo de 50 g): 1 ovillo de color 90 Black (A) 1 ovillo de color 80 White (B)

Nota

Todas las macetas se tejen en espiral con la técnica de los amigurumis (véase la página 128).

Maceta creativa

◆ Essentials Cotton DK (ligero) de Rico Design, 100 % algodón (130 m por ovillo de 50 g): 1 ovillo de color 14 Fuchsia (A) 1 ovillo de color 80 White (B)

Todas las macetas

◆ Aguja de ganchillo de 3 mm
◆ 1 x maceta de cartón biodegradable de 6 cm de diámetro
◆ Pegamento líquido para manualidades

TENSIÓN

Para este proyecto, la muestra de tensión no es necesaria.

Maceta lisa

Con un ganchillo de 3 mm e hilo A, haga un anillo mágico.

Vuelta 1: 1 cad., 8 p. b. en el anillo.
Vuelta 2: 2 p. b. en cada p. (16 p.).
Vuelta 3: (1 p. b., 2 p. b. en el p. sig.) 8 veces (24 p.).
Vueltas 4 y 5: Teja 1 p. b. en cada p.
Vuelta 6: Teja 1 p. b. en la laz. tras. de cada p. (24 p.)
Vuelta 7: (2 p. b., 2 p. b. en el p. sig.) 8 veces (32 p.).
Vueltas 8 y 9: Teja 1 p. b. en cada p.
Vuelta 10: (3 p. b., 2 p. b. en el p. sig.) 8 veces (40 p.).
Vueltas 11 y 12: Teja 1 p. b. en cada p.
Vuelta 13: (4 p. b., 2 p. b. en el p. sig.) 8 veces (48 p.).
Vueltas 14-18: Teja 1 p. b. en cada p.
Vueltas 19 y 20: Teja 1 p. b. en la laz. tras. de cada p. (48 p.)

Remate la labor y esconda los cabos.

Maceta a rayas

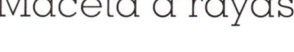

Con un ganchillo de 3 mm e hilo A, haga un anillo mágico.

Vuelta 1: 1 cad., 8 p. b. en el anillo.
Vuelta 2: 2 p. b. en cada p. (16 p.).
Vuelta 3: (1 p. b., 2 p. b. en el p. sig.) 8 veces (24 p.).
Vueltas 4 y 5: Teja 1 p. b. en cada p.
Vuelta 6: Teja 1 p. b. en la laz. tras. de cada p. (24 p.)
Vuelta 7: (2 p. b., 2 p. b. en el p. sig.) 8 veces (32 p.).
Vueltas 8 y 9: Cambie al hilo B y teja 1 p. b. en cada p.
Vuelta 10: Cambie al hilo A, (3 p. b., 2 p. b. en el p. sig.) 8 veces (40 p.).
Vuelta 11: Teja 1 p. b. en cada p.
Vuelta 12: Cambie al hilo B y teja 1 p. b. en cada p.
Vuelta 13: (4 p. b., 2 p. b. en el p. sig.) 8 veces (48 p.).
Vueltas 14 y 15: Cambie al hilo A y teja 1 p. b. en cada p.
Vueltas 16 y 17: Cambie al hilo B y teja 1 p. b. en cada p.
Vuelta 18: Cambie al hilo A y teja 1 p. b. en cada p.
Vueltas 19 y 20: Teja 1 p. b. en la laz. tras. de cada p. (48 p.)

Remate la labor y esconda los cabos.

Maceta creativa

Con un ganchillo de 3 mm e hilo A, haga un anillo mágico.

Vuelta 1: 1 cad., 8 p. b. en el anillo.
Vuelta 2: 2 p. b. en cada p. (16 p.).
Vuelta 3: (1 p. b., 2 p. b. en el p. sig.) 8 veces (24 p.).
Vueltas 4 y 5: Teja 1 p. b. en cada p. A partir de la vuelta sig., trabajará con dos colores, dejando el hilo del color que no utilice justo encima de la labor para ir encerrándolo con los puntos hechos con el hilo de trabajo.
Vuelta 6: Ponga un marcador de puntos al inicio de cada vuelta, (3 p. b. en la laz tras. con hilo A, 3 p. b. en la laz. tras. con hilo B) 4 veces (24 p.).
Vuelta 7: (3 p. b. con hilo A, 3 p. b. con hilo B) 4 veces (24 p.).
Vuelta 8: (2 p. b., 2 p. b. en el p. sig. con hilo A, 2 p. b., 2 p. b. en el p. sig. con hilo B) 4 veces (32 p.).
Vueltas 9 y 10: (4 p. b. con hilo A, 4 p. b. con hilo B) 4 veces (32 p.).
Vuelta 11: (3 p. b., 2 p. b. en el p. sig. con hilo A, 3 p. b., 2 p. b. en el p. sig. con hilo B) 4 veces (40 p.).
Vueltas 12-15: (5 p. b. con hilo A, 5 p. b. con hilo B) 4 veces (40 p.).
Vueltas 16 y 17: Remate el hilo B y, con hilo A, teja 1 p. b. en cada p.
Vueltas 18 y 19: Teja 1 p. b. en la laz. tras. de cada p. (40 p.)

Remate la labor y esconda los cabos.

Montaje

Cubra el exterior de la maceta con pegamento. Con cuidado, extienda el tejido por encima de la maceta, asegurándose de que la parte superior cubre el cartón. Espere a que se seque.

Agradecimientos

Estoy encantada de que tanta gente haya disfrutado tejiendo mis patrones de plantas. Para algunos, han sido la puerta de entrada al increíble mundo del ganchillo, el inicio de una obsesión creativa que dura toda la vida.

Gran parte del placer que he sentido al crear estos patrones lo he compartido con el maravilloso equipo de GMC. Trabajan con pasión y dedicación para asegurar que sus libros de trabajos manuales sean los mejores, así que me considero afortunada por poder colaborar con ellos. Un agradecimiento a Virginia, mi editora, y a Jonathan Bailey, el responsable editorial que ha confiado en mis propuestas de proyectos. También al maravilloso fotógrafo Andrew Perris, a la estilista Anna Stevens, al ilustrador Martin Woodward y a Lynne Lanning, por el diseño general. Gracias asimismo a Jude Roust y a Nicola Hodgson, por su gran trabajo al comprobarlo todo.

También quisiera mostrar mi agradecimiento a varios fabricantes de hilos y minoristas por su apoyo. Gracias a Stylecraft Ltd y al equipo de Spa Mill, Annabelle y Juliet, por su generosa contribución al proporcionarme hilos. Gracias a Sara y al equipo de Black Sheep Wools por su continuado apoyo y por ser una de mis tiendas de hilos favoritas.

Adoro y disfruto del apoyo y de los ánimos que me brindan mis habilidosas grandes amigas Lucy (Attic 24) y Christine (Winwick Mum). Sois la alegría de mi corazón.

Me siento agradecida de tener una familia que se ríe y se emociona conmigo por las locuras que creo. Benjamin y Robert, os quiero.

GMC Publications quisiera dar las gracias a Stupid Egg (stupidegg.co.uk) por prestarnos su increíble gama de macetas.

Para mi sobrino favorito, Tom Tom

Título original: *Crocheted Houseplants*

© 2026 Librero b.v. (edición española)
Hambakenwetering 8B, 5231 DC 's-Hertogenbosch, Países Bajos
www.librero.nl

Texto © Emma Varnam, 2022
Copyright de la obra © GMC Publications Ltd, 2022

RESPONSABLE EDITORIAL Jonathan Bailey
PRODUCCIÓN Jim Bulley
COORDINADORA EDITORIAL SÉNIOR Virginia Brehaut
EDICIÓN Nicola Hodgson
COMPROBACIÓN DE PATRONES Jude Roust
DISEÑO Lynne Lanning
FOTOGRAFÍA Andrew Perris
ESTILISMO Anna Stevens
ILUSTRACIONES Martin Woodward

Producción de la edición española:
Traducción: Míriam Torras para Delivering iBooks & Design
Redacción y maquetación: Delivering iBooks & Design, Barcelona

Distribución exclusiva de la edición española:
Librero IBP S. L.
C/ Paseo de los Olmos, n.º 20
Planta 1.ª, oficina 7
28005 Madrid, España
www.librero-ibp.es

Printed in Guangzhou, China GGDP012026
ISBN: 978-94-6499-250-2